나의 별에도 봄이 오면

윤동주의 삶과 문학

고운기 글

산하

| 차례 |

쉽게 씌어진 시

윤 씨 자녀 가운데 외동딸 혜원 씨가 오랫동안 살던 만주의 용정을 떠나 서울로 가야겠다고 생각한 것은 1947년 12월의 일이었다. 막 결혼한 그녀는 독실한 기독교인이었다. 그런데 용정은 공산 치하가 되면서 종교의 자유가 보장되지 않았다.

고향을 떠난 혜원 씨 부부는 함경남도 청진에서 8개월, 원산에서 6개월을 체류하며 서울로 갈 길을 찾았다.

혜원 씨에게는 또 다른 임무가 있었다. 2년 전 돌아가신 오빠의 유품을, 이미 서울에 가 있는 동생 일주에게 전달하는 일이었다. 오빠는 해방을 불과 몇 달 앞두고, 일본의 후쿠오카 형무소에서 생애를 마친 집안의 장손이었다. 유품은 그가 쓴 원고 뭉치와 가족의 사진첩이었다.

드디어 기회가 왔다. 혜원 씨 부부는 고향 집을 떠난 지 꼬박 1년 2개월 만에 경기도 연천을 거쳐 무사히 서울에 이르렀다. 모진 바람이 부는 1949년 겨울이었다.

그러나 그들과 함께 오지 못한 것이 있었다. 사진첩이었다. 검문이 심해 의심받을 만한 것들은 원산에서 만난 친지에게 맡겨야 했다. 사진첩도 그 가운데 하나였다.

1948년 8월과 9월에는 남북한에서 각각 정부가 수립되었다. 남쪽에는 대한민국, 북쪽에는 조선민주주의인민공화국이었다. 그러나 어느 쪽이건 아직 불안한 사회였다. 그래서 국경을 넘어오는 사람들을 엄하게 단속하였다.

이듬해, 원산의 친지가 함경북도 남양에 있는 그의 부모와 큰딸을 데리러 가는 길이었다. 기차가 두만강변의 남양 못 미쳐 산중 터널에 다다랐을 때였다. 마침 열차 안에서 공안원들의 짐 검색이 벌어졌다. 이 친지는 사진첩이 발각되면 혹시 겪게 될 고초가 못내 염려스러웠다. 공안원이 이르기 전에 그는 몰래 열차 화장실로 갔다. 미안한 마음이 가득했지만, 달리는 차창 밖으로 재빨리 사진첩을 버렸다.

사진첩은 철길 가에 나뒹굴었다. 그 안에는 그림자로나마 세상에 얼굴을 알려야 했을 한 사나이가 들어 있었다. 혜원 씨의 오빠였다. 하지만 마치 사나이의 운명을 닮은 양, 사진첩은 추운 함경도 벌판 어디론가 사라지고 말았다.

이 사나이, 곧 혜원 씨의 오빠가 바로 시인 윤동주이다.

스물아홉의 나이에 남의 나라 형무소에서 비극적으로 생애를 마친 청년, 윤동주. 그의 일생이 꼼꼼히도 정리되어 있었을 손때 묻은 사진첩은, 다시 조국의 분단이 빚은 비극에 영영 희생당하고 말았다.

윤동주는 그렇게 두 번 죽었다.

윤동주의 조카인 윤인석은 최근 어느 자리에서 이 장면을 다음과 같이 쓸쓸히 회고한 바 있다.

> 철길 가에 나뒹굴다 6·25 전란과 오랜 세월에 찢겨졌을지, 흙 속에 묻혔을지, 그분의 넋이 그곳에도 머물러 계시지나 않을지 하는 안타까운 생각도 든다.

찢겨진 채 흙 속에 파묻혔을지라도, 넋으로나마 고향 땅 어디에 묻혀 있기를 가족들은 바라건만, 세월은 덧없이 흘렀다.

도쿄 그리고 〈쉽게 씌어진 시〉

그 일이 있기 7년쯤 전이었다.

서울에서 대학을 졸업한 윤동주는 도쿄의 릿교(入教)대학에 입학하여 유학 생활을 한다. 미국과 일본 사이의 태평양 전쟁이 불을 뿜기 시작한 1942년 4월이었다.

그다지 형편이 넉넉하지는 않았지만, 장손의 교육에 부모는 누구보다 적극적이었다. 다만 전공에 불만이 없지 않았다. 부모는 가급적 의학이나 법학 같은 실용적인 학문을 공부하기 바랐다. 그러나 장손은 이미 서울에서 보낸 대학 시절부터 부모의 희망과는 다른 길로 가고 있었다. 서울에서는 연희전문학교의 문과를 다녔다.

도쿄에서 유학 생활을 시작하던 그해 봄, 윤동주는 다섯 편의 시를 써서 서울에 있는 친구 강처중에게 보냈다. 릿교대학의 로고가 선명히 새겨진 편지지에 세로로 쓴 시였다. 그리고 이 시들은 윤동주가 이 세상에 남긴 마지막 작품이 되고 말았다.

그 다섯 편의 시 가운데 하나가 〈쉽게 씌어진 시〉이다. 단언컨대, 윤동주의 생애와 시 세계를 가장 함축적으로 나타내 주는 최고의 작품이다.

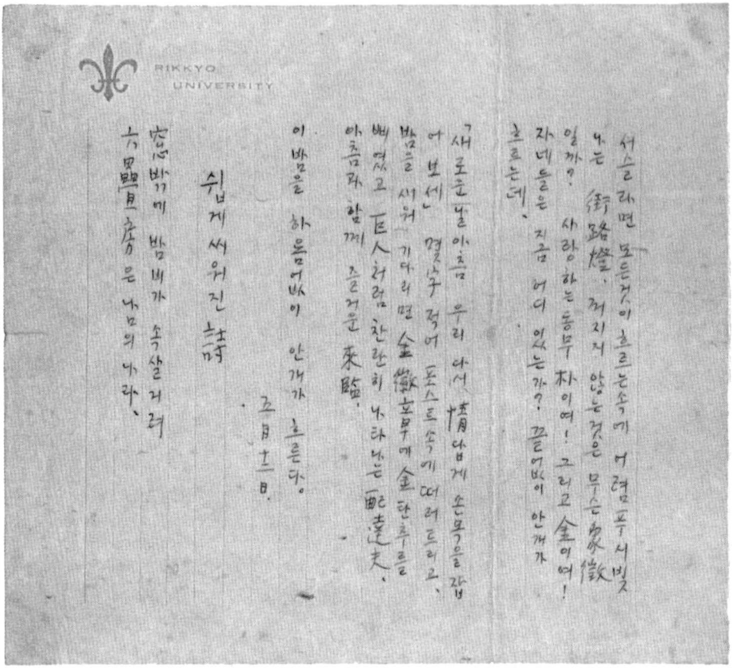

RIKKYO UNIVERSITY

서글라면 모든것이 흐르는속에 어렴풋이빛
나는 街路燈. 꺼지지 않는것은 무슨 象徵
일까? 사랑하는 동무 朴이여! 그리고 金이여!
자네들은 지금 어디 있는가? 끝없이 안개가
흐르는데,

「새로운날 아츰 우리 다시 情답게 손목을 잡
어 보세」 몇字 적어 포스트 속에 떨어드리고,
밤을 새워 기다리면 金徽章에 金단추를
뻬였고 巨人처럼 찬란히 나타나는 配達夫,
아츰과 함께 즐거운 來臨,

이 밤을 하욤없이 안개가 흐른다.
三月十二日.

쉽게 씌워진 詩

窓밖에 밤비가 속살거려
六疊房은 남의 나라,

〈쉽게 씌어진 시〉 자필 원고 ①

쉽게 씌어진 시

창(窓)밖에 밤비가 속살거려
육첩방(六疊房)은 남의 나라.

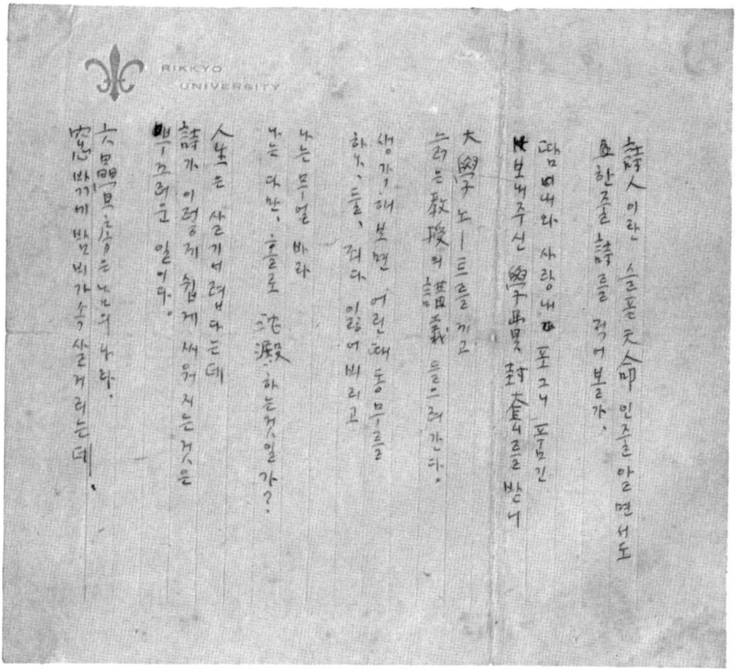

RIKKYO UNIVERSITY

詩人이란 슬픈 天命인줄 알면서도
한줄 詩를 적어볼가.

땀내와 사랑내 포그니 품긴
보내주신 學費封套를 받어

大學노—트를 끼고
늙은 敎授의 講義 들으러 간다.

생각해보면 어린때 동무를
하나, 둘, 적다 일어버리고

나는 무얼 바라
나는 다만, 홀로 沈澱하는것일가?

人生은 살기어렵다는데
詩가 이렇게 쉽게 씨워지는것은
부끄러운 일이다.

六疊房은 남의 나라.
窓밖에 밤비가 속살거리는데,

〈쉽게 씌어진 시〉 자필 원고 ②

시인(詩人)이란 슬픈 천명(天命)인 줄 알면서도
한 줄 시(詩)를 적어 볼까.

땀내와 사랑내 포근히 품긴
보내 주신 학비 봉투(學費封套)를 받아

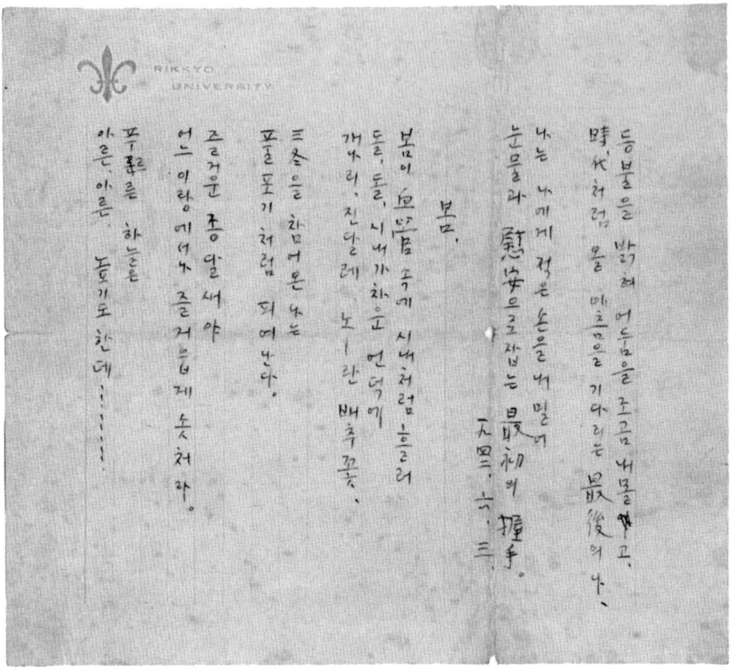
RIKKYO UNIVERSITY

등불을 밝혀 어둠을 조금 내몰고,
時代처럼 올 아침을 기다리는 最後의 나,
나는 나에게 적은 손을 내밀어
눈물과 慰安으로 잡는 最初의 握手.
一九四二. 六. 三.

봄.

봄이 血管속에 시내처럼 흘러
돌, 돌, 시내가차운 언덕에
개나리, 진달레, 노-란 배추꽃,
三冬을 참어온 나는
풀포기처럼 피여난다.
즐거운 종달새야
어느 이랑에서나 즐거웁게 솟쳐라.
푸르른 하늘은
아른, 아른, 높기도 한데……

〈쉽게 씌어진 시〉 자필 원고 ③

대학(大學) 노-트를 끼고
늙은 교수(教授)의 강의(講義) 들으러 간다.

생각해 보면 어린 때 동무를
하나, 둘, 죄다 잃어버리고

나는 무얼 바라
나는 다만, 홀로 침전(沈澱)하는 것일까?

인생(人生)은 살기 어렵다는데
시(詩)가 이렇게 쉽게 씌어지는 것은
부끄러운 일이다.

육첩방(六疊房)은 남의 나라.
창(窓)밖에 밤비가 속살거리는데,

등불을 밝혀 어둠을 조금 내몰고,
시대(時代)처럼 올 아침을 기다리는 최후(最後)의 나.

나는 나에게 작은 손을 내밀어
눈물과 위안(慰安)으로 잡는 최초(最初)의 악수(握手).

1942. 6. 3.

윤동주는 원고 끝에 꼭 시를 쓴 날짜를 적어 두었다. 이 시에는 '1942. 6. 3.'이라는 날짜가 적혀 있다.

이케부쿠로, 육첩방의 사내

그로부터 정확히 59년이 지난 2001년 6월 3일, 이 책의 필자인 나는 도쿄의 이케부쿠로에 있는 릿교대학을 가 보았다.

릿교의 채플 강당은 담쟁이덩굴이 우거져 있었다. 나는 그 강당 앞에서, 일찍이 시인으로서의 운명에 나도 덩달아 끼게 하였던 윤동주의 흰 그림자와 놀았다. 그 건물은 윤동주가 서울에서 다닌 연희전문의 본관 건물과 무척 닮았다. 담쟁이덩굴까지도 말이다. 나는 그 무렵 이 대학 근처에서 자취를 하고 있었다. 이날은 마침 일요일이었다.

이케부쿠로에서 내가 사는 방도 전형적인 옛 일본식 가옥의 이층, 여섯 첩 다다미를 깔았다. 그 크기라면 작고 아담한 방이다. 도쿄는 비가 자주 내린다. 다다미는 그래서 매우 쓸모가 있다. 게다가 지진이 잦아서인지 벽이 얇다. 그러니 창밖에서 들려오는 소리가 마치 바로 옆에서 나는 것 같다.

윤동주가 살았던 이케부쿠로의 육첩방도 틀림없이 그랬으리라. 위의 시에서 창밖에 밤비가 속살거린다고 한 첫 구절을 나는 여기서 실감하였다.

그러나 이 시에서 무엇보다 우리가 주목하여야 할 것은 '남의 나라'라는 구절이다. 이때는, 일제가 동아시아 모든 나라가 함께 잘살자느니, 일본과 조선은 한 몸이라며 내선일체라느니 떠든 것은 그렇다 치더라도, 한국어로 쓰는 모든 글이 금지되어 있었다. 그러나 일본과 조선이 하나라는 선전은 적어도 이 순진무구한 시인에게는 통하지 않았다. 그들이 아무리 떠들어도, 일본은 우리에게 '남의 나라'라고 정의 내리는 이 한마디는 그래서 천금 같은 무게를 갖는다.

시는 전부 10연으로 이루어졌다. 가만 살펴보면, 1연이 8연에 가서 약간 변형된 채 반복되어 있다. 그러므로 1연에서 7연까지가 전반부, 8연에서 10연까지가 후반부이다.

전반부 1연에서 6연까지는 아주 평이하다. 경제적으로 곤란한 상황에 처해 있는 고향의 부모님, 그들이 보내 준 학비는 눈물겨운 돈이지만, 늙은 교수의 강의를 들으러 가며 내가 하는 공부가 과연 살아가는 데 무슨 의미가 있을까 새삼스럽게 반성하고 있다. 하필 젊은 교수도 아니고 늙은 교수였을까.

그러나 이 작품의 다음 구절에서 우리는 시와 시인에 대한 그의 특별한 생각을 엿본다.

> 시인이란 슬픈 천명인 줄 알면서도
> 한 줄 시를 적어 볼까.

어찌하여 윤동주는 시인을 '슬픈 천명'이라 정의하고 있는 것일까? 적국의 심장에 유학생의 신분으로 찾아든 한 시인이 말하는 슬픔은 문득 식민지의 비극적 상황을 떠올리게 하지만, 사실은 좀 더 근본적인 문제가 그 밑에 깔려 있다.

이는 곧 독일의 시인 릴케가 외친 '시인은 신의 저주받은 인간'이라는 말을 바꾸어 본 것이다.

중세인과 달리 근대인은 절대적인 신의 영향에서 벗어나려 하였다. 그런 근대적 지식인으로서 릴케는 신이 관장하는 일의 핵심을 건드리는 존재가 시인이라고 보았던 것 같다. 신이 관장하는 일의 핵심은 무엇인가? 그것은 곧 창조이다. 인간을 만들고 인간의 일을 관장하는 전지전능한 손, 그것이 곧 신일진대, 시인은 감히 신만이 알 수 있는 인생의 비밀스런 뜻을 자신의 시적 감수성으로 찾아내고, 나아가 신이 내리는 인생의 정의를 대신하고자 한다. 신의 영역을 침범하는 이 같은 행위야말로 신에게 저주받을 짓을 하는 것이나 다름없다. 릴케는 시인의 존재가 얼마나 엄청난가를 이처럼 역설적인 표현으로 보여 주었다.

신의 저주받은 인간, 그러기에 슬픈 천명이다. 이는 그리스 신화에서 프로메테우스가 불을 훔쳐 인간에게 가져다주고 영원한 저주를 받은 사건과 유사하다.

윤동주가 릴케의 시를 특히 가까이했다는 증거는 여러 연구를 통해 밝혀졌다. 대표작 〈별 헤는 밤〉에서 "〈프랑시쓰·짬〉 〈라이넬·마리아·릴케〉 이런 시인의 이름을 불러봅니다"라는 구절에서도 윤동주는 그의 이름을 거명하였다. 릴케는 윤동주의 '슬픈 천명' 의식과 연결된다.

신의 저주를 마다하지 않고 나선 시인의 길에서 일제의 압박 정도가 무슨 두려운 대상이었을까. 다만 그런 시를 너무 쉽게 쓰고 있는 자신이 부끄러울 따름이다.

슬픈 천명의 의지

그러나 이 시의 절정은 아무래도 9연과 10연이다.

> 등불을 밝혀 어둠을 조금 내몰고,
> 시대처럼 올 아침을 기다리는 최후의 나,
>
> 나는 나에게 작은 손을 내밀어
> 눈물과 위안으로 잡는 최초의 악수.

깊은 밤에 깨어 있는 시인은 어둠의 시대에 살고 있는 최후의 인간이다. 그 어둠을 조금밖에 내몰지 못하는 여린 사람이다. 그럼에도 그는 끝끝내 참으며 시대의 새로운 아침을 기다리고 있다. 그러자면 나에게 힘을 주어야 한다. 눈물과 위안을 통해서 말이다. 눈물과 위안으로 작은 손을 내밀어 나는 나에게 악수를 청한다. 그 악수는 새로운 시대에서 청하는 최초의 행동이다.

최후와 최초의 가운데에 시인은 서 있다. 어둠의 최후와 아침의 최초를 시인은 지켜보고자 다짐한다.

시인으로서 윤동주는 시대와 역사의 책임을 감당하려 하였다. 어떤 혁명가의 스케일에 비하면 그것은 보잘것없을는지 모른다. 다만 귀하다. 이 작은 악수가 시대의 아침을 가져올 것이고, 그 아침이 오는 것을 잠들지 않고 목격하게 할 것이다.

윤동주, 그에게는 그만한 결의가 있었다. 이것은 경우에 따라 제 목숨을 내놓아야 할지 모른다는 각오이기도 하였다.

이 시가 씌어진 6월 3일 즈음이면 도쿄에서는 장마가 시작된다. 그것은 윤동주에게 인생의 장마였다. 고향 용정과 평양의 숭실중학 그리고 서울의 연희전문 시절을 지내고 도쿄에 왔을 때 그의 나이는 만 스물넷. 그때까지는 그다지 절망

스러운 시련을 겪은 바 없었다. 나름대로 아름답고 희망에 찬 시절이었다. 그의 역경은 이제 시작이다. 1년 반의 유학 시절은 독립운동의 죄명 아래 체포되면서 끝이 났고, 다시 1년 반의 형무소 생활 끝에 세상을 마감한다.

그 비극의 처음을 나는 〈쉽게 씌어진 시〉에서 찾는다. 윤동주의 독립운동과 옥사에 대해 그다지 큰 의미를 부여하지 않으려는 이들이 있지만, 일제가 파악한 죄질의 무겁고 가벼움을 떠나, 이미 스스로는 죽음을 각오하고 그 길로 접어들어 갔음을 우리는 결코 놓쳐서는 안 된다.

1945년 2월, 일본의 남쪽 도시 후쿠오카는 벌써 봄기운이 돌기 시작한다. 세상에 봄이 돌아오건만, 윤동주는 그때 거기서 죽었다.

그리고 4년 뒤인 1949년 2월경.

찬바람이 살을 에는 북방의 한 철길, 윤동주의 생애를 담은 사진첩은 그때 거기서 버려졌다.

……속에 어렴풋 빛나는 街路燈, 꺼지지 않는 것은 무슨 象徵일까?
사랑하는 동무 朴이여! 그리고 金이여! 자네들은 지금 어디 있는가? 끝없이 안개가 흐르는데,
「새로운 날 아츰 우리 다시 情답게 손목을 잡아 보세」 몇字 적어 포스트 속에 떨어뜨리고,
밤을 새워 기다리면 金徽章에 金단추를 삐였고 巨人처럼 찬란히 나타나는 配達夫,
아츰과 함께 즐거운 來臨.
이 밤을 하염없이 안개가 흐른다.

五月十二日.

쉽게 씌워진 詩

窓밖에 밤비가 속살거려
六疊房은 남의 나라,

詩人이란 슬픈 天命인줄 알면서도
한줄 詩를 적어볼가,

땀내와 사랑내 포그니 품긴
보내주신 學費封套를 받어

大學노-트를 끼고
늙은 敎授의 講義 들으러 간다.

생각해보면 어린때 동무를
하나, 둘, 죄다 잃어버리고

나는 무얼 바라
나는 다만, 홀로 沈澱하는 것일가?

人生은 살기 어렵다는데
詩가 이렇게 쉽게 씌워지는 것은
부끄러운 일이다.

六疊房은 남의 나라.
窓밖에 밤비가 속살거리는데,

등불을 밝혀 어둠을 조곰 내몰고,
時代처럼 올 아츰을 기다리는 最後의 나,

나는 나에게 적은 손을 내밀어
눈물과 慰安으로 잡는 最初의 握手.

一九四二, 六, 三.

봄,

봄이 血管 속에 시내처럼 흘러
돌, 돌, 시내 가차운 언덕에
개나리, 진달래, 노-란 배추꽃

三冬을 참어온 나는
풀포기처럼 피여난다.

즐거운 종달새야
어느 이랑에서나 즐거웁게 솟쳐라.

푸르른 하늘은
아른, 아른, 높기도 한데……

간도 그리고 명동촌

〈눈 오는 지도〉

〈별 헤는 밤〉

조상의 내력

윤동주의 집안은 본디 함경북도 종성에서 살았다. 종성은 한반도에서 가장 북쪽 지방이다. 그러다 증조할아버지 윤재옥 때인 1886년에 간도의 자동이라는 곳으로 왔다.

간도는 어떤 곳인가.

간도는 백두산 북쪽의 옛 만주 일대, 지금의 길림성 동쪽 끝에 있는 연변 조선족 자치주에 해당하는 지역이다. 이 가운데 특히 두만강 북쪽을 북간도라 하는데, 간도의 중심 지역으로 흔히 그냥 간도라고 불리는 곳이기도 하다. 간도는 '사이섬'이라는 뜻이지만, 실제로 섬은 아니다. 이곳은 청나라의 발상지이다. 만주족이 청나라를 세워 베이징으로 옮겨 간 다음 자리를 비워 두었는데, 조선과 옛 청나라 사이에 마치 섬처럼 끼어 있다 해서 생긴 말이다.

이곳에 우리나라 사람들이 이주하여 살기 시작한 것은 1869년 무렵부터이다. 함경도 지방에 큰 흉년이 들었는데, 간도의 광활한 영토에서 마음껏 농사를 지을 수 있겠다는 희망을 가지고, 고향을 떠나 청나라 사람들 몰래 자리를 잡았던 것이다.

그러나 간도로 이주한 우리 민족의 역사는 고통스러운 것이었다. 땅은 넓었지만 농토를 일구기가 쉽지 않았고, 때때로 저지르는 청나라의 횡포는 극심했다.

규암 김약연 선생

윤동주의 일가가 이곳으로 옮긴 것은 간도 이주가 시작되고 채 스무 해가 지나지 않은 때였다. 그러므로 아직 자리가 잡히지 못한 마을에서 어려운 이주 생활을 시작해야 했다. 다만 이때 증조할아버지뿐만 아니라 같은 마을의 뜻있는 선비들이 함께 이주해 와서, 새로운 세계를 개척하려는 의지가 높았다. 이들 가운데에는 나중에 윤동주의 친구가 되면서 장차 한국 기독교계와 민주주의 발전에 혁혁한 공을 세운 문익환 목사 일가도 있었다.

처음 자동으로 이주하고 꼭 14년 뒤, 윤동주의 할아버지 윤하현 때, 그러니까 1900년에 일가는 명동촌으로 옮겨 살았다. 명동촌은 바로 윤동주가 태어난 고향이다.

명동촌으로 이주하게 된 데에는 아마도 윤동주의 외삼촌인 규암 김약연 선생의 영향이 있었을 것으로 생각된다. 김약연은 1899년 종성에서 명동으로 이주한 한학자이다. 1900년대 초에 명동학교를 세우고 많은 지사를 길러 낸 선각자인데, 나중에 윤동주에게 적지 않은 영향을 끼친 분이나.

동주의 고향 명동촌

당시 명동촌의 모습은 윤동주의 외사촌이자 시인인 김정우의 회고를 통해 알 수 있다.

> 명동촌은 사방이 산으로 둘러싸여 있는 아늑한 큰 마을이었다. 동북서로 완만한 호선형(弧線形) 구릉이 병풍처럼 마을 뒤로 둘러 있고, 그 서북단에는 선바위란 삼형제 바위들이 창공에 우뚝 솟아 절경을 이루며 서북풍을 막아 주고 있다. 그 바위들 뒤에는 우리 조상들의 싸움터로 여겨지는 산성이 있고, 화살 같은 유물들이 가끔 발견되곤 했다. 이 삼형제 바위는 명동 사람들의 공원이기도 하였다. 동쪽에서

뻗어 오는 장백산맥이 오랑캐령인 오봉산과 살바위란 날카로운 산들을 원점으로 하여 서남쪽으로 지맥이 이루어지면서, 마을 정면에는 고산준령이 첩첩이 뻗어 선바위를 스쳐 간다.

조상들의 싸움터란, 이곳이 그 옛날 고구려와 발해 유적지임을 말한다. 사실 이 땅은 우리 조상들이 먼 옛날부터 살았던 곳이다.

김정우에 따르면, 명동촌은 우리 조상들이 좋아하던 풍수지리의 이점을 온전히 갖춘 곳이다. 마을 뒤로 산을 두고, 앞으로는 툭 틔어 있으며, 양쪽으로 다시 산들이 에워싸고 있다. 벌판이라 하지만, 마을을 이루고 사는 곳은 산을 담장처럼 둘러치고 있으니, 그런 곳이라야 사람이 살기에 안전하다고 여겼음 직하다. 이것은 그들이 대대로 고향 땅에서 살아온 경험으로부터 나왔을 것이다. 벌판에 가서도 그들은 고향의 산천과 닮은 곳에서 살고 싶었으리라.

그러나 간도는 역시 끝없이 쏟아지는 눈으로 기억되는 곳이다. 만주 벌판, 그렇지 않은 곳이 없지만, 일제강점기 때 이곳을 여행해 본 사람들의 글에 나오는 풍경은, 어느 하나 예외 없이, 끝도 없이 펼쳐지는 광활한 벌판과 겨울이면 그

벌판에 내리는 눈으로 묘사된다.

이 같은 풍경은 어린 윤동주의 머릿속에도 그대로 담겨졌다. 고향을 그리워하며 썼을 아래 작품이 그렇다.

눈 오는 지도(地圖)

순이(順伊)가 떠난다는 아침에 말 못 할 마음으로 함박눈이 나려, 슬픈 것처럼 창(窓)밖에 아득히 깔린 지도(地圖) 우에 덮힌다.
방(房)안을 돌아다보아야 아무도 없다. 벽(壁)과 천정(天井)이 하얗다. 방(房)안에까지 눈이 나리는 것일까, 정말 너는 잃어버린 역사(歷史)처럼 홀홀이 가는 것이냐, 떠나기 전(前)에 일러둘 말이 있던 것을 편지를 써서도 네가 가는 곳을 몰라 어느 거리, 어느 마을, 어느 지붕 밑, 너는 내 마음속에만 남아 있는 것이냐, 네 쪼고만 발자국을 눈이 자꾸 나려 덮여 따라갈 수도 없다. 눈이 녹으면 남은 발자국 자리마다 꽃이 피리니 꽃 사이로 발자국을 찾아 나서면 일 년(一年) 열두 달 하냥 내 마음에는 눈이 나리리라.

1941. 3. 12.

윤동주가 1941년 3월 12일에 쓴 〈눈 오는 지도(地圖)〉라는 시의 전문이다.

슬픈 것처럼 창밖에 아득히 내리는 함박눈—윤동주에게 고향 간도는 그런 곳이다. 얼마나 많이 내렸으면 심지어 방 안에까지 내린다고 하였을까?

이 시에서 '순이'라고 부르는 등장인물은 어디론가 떠나고 있다. '역사처럼 홀홀이' 간다고 했으니, 순이는 한 사람의 자연인이면서, 사실은 제자리에 마음 편히 들지 못하고 떠나야 하는 그때 우리 민족의 상징과도 같다. 마음속에만 남아 있을 뿐, 떠나는 발자국을 보고 따라가고 싶으나, 눈이 덮이는 발자국은 이내 자취를 감춰 버리고 만다. 그것이 이 어린 시인의 마음을 슬프게 한다.

봄이 온다. 떠난 발자국 자리마다 꽃이 피어날 것이다. 시인은 그 발자국을 찾아 나서겠노라 말한다. 그런데도 마음속에는 꽃이 피어나는 것이 아니라, 열두 달 내내 눈이 내리리라 말한다. 세상은 그렇게 온통 마음에까지 눈이 내리고 있다.

그런 마을에서 윤동주는 태어났다. 1917년 12월 30일, 그날도 명동촌에는 함박눈이 내리고 있었을까?

우물과 살구나무와 교회당

윤동주가 태어난 당시 주소는 중화민국 동북부 간도성 화룡현 명동촌. 본관이 파평인 아버지 윤영석(1895-1962)과 어머니 김룡(1891-1948)의 맏아들이었다. 어릴 때에는 해환이라 불렸다. 그때 할아버지 윤하현은 부지런히 농토를 개척해서 소지주가 되었고, 명동에 세워진 교회의 장로였다. 아버지는 명동학교 교원으로, 집안은 그다지 어려운 형편이 아니었다. 다시 김정우의 회고를 들어보자.

윤동주의 아버지와 어머니

동주의 집은 학교촌에 소속되어 있으며, 잘사는 편이었다. 그 당시 벼농사를 하는 집이란 그 큰 마을에 몇 가호밖에 되지 않았는데, 그 몇 집들 중에 동주의 집도 끼어 있었다. 그의 집은 학교촌 입구 첫 집이었다. 가랑나무가 우거진 야산 기슭에 교회당이 있고, 그 교회당 옆으로 두 채의 집이 있는 앞집이다. 그의

> 집은 정남향 큰 기와집으로 후면과 좌우에는 그리 크지 아니한 과수원이 있고, 뒷문으로 나가면 그의 시 〈자화상〉에 영향이 되었다고 생각하는 물맛으로 유명한 수십 길도 더 되는 깊은 우물이 있다. 우리는 동주와 같이 과수원 울타리로 되어 있는 뽕나무 오디를 따 먹고, 물을 길어 입을 닦기도 했으며, 그 우물 속을 들여다보고 소리치며 우물 속에 울리는 소리를 듣곤 했다.

교회당 옆의 기와집—윤동주의 집은 그렇게 그림처럼 놓여 있었다. 이곳이 곧 그의 시의 무대였음은 두말할 나위 없다. "쫓아오는 햇빛인데/지금 교회당 꼭대기/십자가에 걸리었습니다"로 시작하는 〈십자가〉나, 위 글에 나오는 〈자화상〉이 대표적이다. 우물 속을 들여다보며 어린 친구들과 함께 우우 소리쳤을 윤동주의 모습이 눈에 선하다.

다만 〈자화상〉에 나오는 우물이 이곳이 아니라는 주장도 있다. 나중에 서울의 연희전문학교에 다닐 때 윤동주는 북아현동에서 하숙 생활을 한 적이 있는데, 그 가까운 곳에 우물이 있었고, 바로 이곳이 소재가 되어 쓴 시라는 점에서 그렇단다.

그러나 큰 문제가 아니다 우물은 명동촌과 북아현동의 그것이 합해진 어떤 영상이기 때문이다.

윤동주의 생가에 대해서는 그의 동생 윤일주의 증언이 좀 더 생생하다. 그는 사실 오늘날의 윤동주가 있도록 가장 애쓴 사람이다.

> 우리 남매는 3남 1녀였다. 내 위로 누님(혜원), 아래로 동생(광주)이 있었다. 용정에서 난 동생 광주를 제외한 우리 남매들이 태어난 명동 집은 마을에서도 돋보이는 큰 기와집이었다. 마당에는 자두나무들이 있고, 지붕 얹은 큰 대문을 나서면 텃밭과 타작마당, 북쪽 울 밖에는 30주(株) 가량의 살구나무와 자두의 과원, 동쪽 쪽대문을 나가면 우물이 있었고, 그 옆에 큰 오디나무가 있었다. 그 우물가에서는 저만치 동북쪽 언덕 중턱에 교회당과 고목나무 위에 올려진 종각이 보였고, 그 건너편 동남쪽에는 이 마을에 어울리지 않도록 커 보이는 학교 건물과 주일학교 건물들이 보였다.

자신이 태어나고 자란 집이었으니 어떤 사람의 기억보다

1994년 8월 29일, 용정시 명동촌에 복원된 윤동주 생가

더 정확할 것이다. 나아가 김정우보다 좀 더 상세하다.

그런데 김정우나 윤일주의 기록에서 빼놓지 않고 등장하는 것이 나무와 교회당이다. 물론 있는 그대로 묘사하다 보니 그렇게 되었겠지만, 자두나무·살구나무·오디나무(뽕나무) 같은 집을 둘러싼 나무들은 풍치를 위해서만이 아닌, 열매는 좋은 먹을거리로도 제공되었을 것이다. 시골집에서의 나무는 그래서 더욱 풍요롭게 보인다. 그런 집의 3남 1녀는 집안의 다복함을 더해 주었다.

그리고 교회가 있다. 명동촌의 교회는 나중에 윤동주도 다

닐 명동학교와 같은 자리에 있었다.

명동촌은 어떻게 기독교를 받아들였을까?

명동촌을 건설한 이 마을의 지도자들은 새로운 학문을 통해 후손을 길러야겠다는 굳은 결심을 한다. 그래서 학교를

1910년대의 명동교회, 명동교회의 교인은 500여 명이 넘었다고 한다.

만들고 적당한 선생을 물색하는데, 여기에 정재면이라는 사람이 나타났다. 약관 스물두 살의 젊은이였으나, 서울에서 교육받은 경력에다, 만주까지 와서 한인들을 가르치겠다는 사명감으로 무장된 퍽이나 탐나는 인물이었다. 명동촌 지도

자들의 마음은 들떴다. 그런데 이 젊은이는 한 가지 조건을 내걸었다. 학생들이 공부할 과목에 기독교 교육이 들어가야 한다는 것이다. 지도자들은 그것도 신교육의 하나라 생각했다. 1909년, 그러니까 윤동주가 태어나기 불과 8년 전의 일이었다.

정재면은 열성적으로 학생들을 가르쳤고, 점점 신임을 얻게 되자 이제는 아예 마을 사람들까지도 기독교를 믿게 했다. 한번 좋은 인상을 받은 바에 사람들은 거부감을 가질 리 없었다. 그렇게 해서 교회가 섰다.

윤동주는 나중에 평양의 숭실중학, 서울의 연희전문, 교토의 도시샤(同志社)대학을 다녔다. 모두 유구한 전통을 자랑하는 기독교 계통의 학교들이다. 그러한 데에는 그가 태어난 명동촌의 이 같은 내력이 뒷받침되었다.

송몽규와 문익환

윤동주를 말하면서 결코 빼놓을 수 없는 두 사람이 있다. 바로 송몽규와 문익환이다.

먼저 송몽규. 뒷날 후쿠오카 형무소에서 함께 옥사한 사람. 그래서 윤동주와 일생을 고스란히 동행한 사람. 그는 윤동주의 고종 사촌이기도 하다. 송몽규는 자신의 외가인 윤동주의 집에서 윤동주와 같은 해 9월 28일에 태어났다.

윤동주와 송몽규의 탄생을 누구보다 기뻐했던 사람은 다름 아닌 할아버지 윤하현이었다고 한다. 같은 집에서 한 해에 손자와 외손자를 한꺼번에 보았기 때문이다. 고생 끝에 재산을 이루고 넉넉히 후손까지 얻었으니 무엇을 더 바랐을까. 그런 옥 같은 손자 둘을 뒷날 차디찬 남의 나라 감옥에서 한꺼번에 잃을 줄이야 그때로선 결코 생각하지 못했으리라.

두 사람은 비록 연도는 확실하지 않으나 같은 해에 유아세례를 받았다. 두 사람 모두에게 꿈같이 행복한 시절이었다. 호적 나이로 윤동주의 생년이 1918년으로 되어 있는 것은, 가족들의 증언에 따르면, 출생 신고를 하면서 연도를 잘못 적었기 때문이다.

한 동네에서 자라면서 두 사람은 한편으로 비슷한 성향을 가졌지만, 한편으로는 가고자 하는 길이 달랐다. 문학에 심취하고 소질을 보이기는 두 사람이 같았다. 그러나 송몽규는 윤동주에 비해 정치적 성향이 강했다. 송몽규는 불의를 보면 참지 못했고, 곧바로 행동으로 나타냈다. 윤동주는 그런 송몽규의 영향을 받거나, 옳은 일에 대해 흔쾌히 동의하는 쪽이었다.

다시 말하거니와, 두 사람은 같은 해 태어나 같은 해 옥사했다. 석달 일찍 태어난 송몽규가 윤동주보다 한 달 뒤에 죽었다.

또 한 사람, 문익환.

먼저 문익환이 어떤 사람인지 간단히 이력을 정리해 보자. 그의 호는 늦봄, 1918년 6월 1일에 윤동주와 같은 동네에서 태어났다. 숭실중학교와 한국신학대를 거쳐 미국 프린스턴신학대에서 석사 학위를 받은 신학자이자 목사이다.

일찍이 1932년 윤동주와 함께 평양 숭실중학에 재학 중일 때 신사참배를 거부하다 중퇴한 뒤, 1943년 만주 봉천신학교 재학 중에는 학병을 거부하였고, 이해부터 전도사로 활동하였다. 1947년 목사 안수를 받고 유학을 다녀온 뒤, 1955년부터 1970년까지 서울 한빛교회 목사로 일하는 한편, 한국신학대에서 구약학을 강의하였다.

그가 교회에서 한 활동 가운데 특히 빛나는 업적은 신구교 공동 번역 성서의 책임위원을 맡은 일이었다. 가톨릭과 개신교가 손을 합쳐 성서를 번역한 것은 전 세계적으로 우리나라에서 처음 있는 일이었지만, 이 일의 시작부터 끝까지 문익환의 역할은 매우 큰 것이었다.

문익환의 활동은 교회에 그치지 않았다. 1970년대에는 민주화 운동에, 1980년대에는 통일 운동에 중심 역할을 하였다. 1976년 3월 '3·1 민주구국선언' 사건으로 잡혀 들어간 뒤 1983년에 풀려날 때까지 세 차례나 투옥과 석방을 거듭했다. 그 뒤 그는 통일 운동으로 역할을 넓혀 갔다. 민주통일민중운동연합 의장(1985), 조국통일범민족연합 남측 본부 결성준비위원회 위원장(1991), 제4차 범민족대회 대회장(1993) 등을 지냈다. 이 사이에도 모두 6회에 걸려 투옥되었다.

문익환의 활동 가운데 가장 널리 알려진 일은 1989년 3월에 북한을 방문해 김일성과 두 차례 회담을 갖고 통일 3단계 방안 원칙에 합의한 것이었다.

민주화 운동과 통일 운동에 전념하던 문익환은 1994년 1월 심장마비로 세상을 떠났다. 그가 한 일에서 보듯이 문익환은 우리나라 현대사에서 결코 지울 수 없는 발자취를 남긴 사람이다. 그러나 이런 거인도 단 한 가지에서만큼은 애틋함과 그리움의 정서를 감추지 않았다. 바로 친구인 윤동주와의 추억이다.

송몽규, 윤동주, 나, 이 세 사람이 친구들 중에서 특히 두드러졌었지요. 그런데 그 세 사람의 관계가 어땠는가 하면, 나는 윤동주가 아무래도 나보다 한발 앞선다는 것을 느끼고 열등감을 가졌고, 그 윤동주는 또 자기보다 송몽규가 매사에 한발 앞서는 것을 느껴서 송몽규에 대한 열등감을 가지고 있었어요. 동주가 몽규를 두고 "대기는 만성이다"라는 말로 벼르곤 했는데, 그건 뒤집어 보면 "현재는 내가 너에게 뒤지고 있다"는 것을 인정하는 것이지요. 그들 둘 다 정말 대단히 특출한 친구들이었지요.

송우혜, 《윤동주 평전》에서

문익환은 '특출한 친구' 둘을 1945년에 한꺼번에 잃고, 50년을 더 살다 갔다. 50년 동안 무슨 일을 했는가는 앞서 소개했다. 나는 그의 희생적인 삶이 어디에서부터 우러났는지 곰곰이 생각해 보곤 한다. 적어도 두 친구에 대한 빚을 갚겠다는 생각이 있었으리라. 두 친구가 다하지 못한 일을 대신해 주려는 생각 또한 있었으리라.

문익환은 어디서나 중요한 모임에서 윤동주의 시를 암송하는 것을 빼놓지 않곤 했었다. 그래서 더 많은 사람들이 윤동주와 그의 시를 알게 되었음은 물론이다.

별 헤는 밤 그리고 어머니

윤동주의 아름다운 어린 시절은 그의 시 〈별 헤는 밤〉에서 충분히 느낄 수 있다. 그가 쓴 작품 가운데 가장 긴 이 시야말로 그의 온 생애를 집약했다고 할 수 있다. 그런데 이것은 어디까지나 그의 어린 시절, 명동촌의 하늘과 바람과 별이 아로새겨져 있는 데에서 출발한다. 물론 윤동주의 생애를 세밀히 관찰해 보면 그의 어린 시절은 명동에만 있지 않다. 다시 언급하겠지만, 초등학교를 마칠 무렵 명동촌에서 용정으로 이사를 하는데, 용정의 생활이 어쩌면 그에게 더 아로새겨져 있을 수 있다. 명동촌은 이 무렵 일본의 집요한 압박과, 다른 한편으로 공산주의자들의 활동이 활발해지면서 이에 대한 일본 경찰의 감시에 시달리고 있었다.

그러나 윤동주에게 명동촌은 어디까지나 어린 시절이다. 그의 생애를 강하게 사로잡고 있는 어린 시절의 인상은 거기서 형성되었다. 그러기에 송우혜의 다음과 같은 지적은 매우 적절하다 할 것이다.

> 시인 윤동주에게 있어서 '명동'은 어떤 곳인가. 맑고 풍요롭고 평화로운 유년기의 체험을 가득 안은 마

을. 그러나 그것은 다시 되돌아올 수 없는 세월의 다리 저편으로 건너가서 추억 속에서만 존재하기에 더욱 찬연하고 애틋한 모습이었던 것을 우리는 알아보아야 한다.

송우혜, 《윤동주 평전》에서

그래서 '다시 되돌아올 수 없는 세월의 다리 저편으로 건너가서 추억 속에서만 존재'하는 명동, 아니 윤동주의 어린 시절은 다음과 같이 추억된다.

별 헤는 밤

계절(季節)이 지나가는 하늘에는
가을로 가득 차 있습니다.

나는 아무 걱정도 없이
가을 속의 별들을 다 헤일 듯합니다.

가슴속에 하나 둘 새겨지는 별을
이제 다 못 헤는 것은

쉬이 아침이 오는 까닭이요,
내일(來日) 밤이 남은 까닭이요,
아직 나의 청춘(靑春)이 다하지 않은 까닭입니다.

별 하나에 추억(追憶)과
별 하나에 사랑과
별 하나에 쓸쓸함과
별 하나에 동경(憧憬)과
별 하나에 시(詩)와
별 하나에 어머니, 어머니,

어머님, 나는 별 하나에 아름다운 말 한마디씩 불러 봅니다. 소학교(小學校) 때 책상(册床)을 같이 했던 아이들의 이름과, 패(佩), 경(鏡), 옥(玉) 이런 이국 소녀(異國少女)들의 이름과 벌써 애기 어머니 된 계집애들의 이름과, 가난한 이웃사람들의 이름과, 비둘기, 강아지, 토끼, 노새, 노루, 〈프랑시스·짬〉 〈라이넬·마리아·릴케〉 이런 시인(詩人)의 이름을 불러 봅니다.

이네들은 너무나 멀리 있습니다.
별이 아슬이 멀듯이,

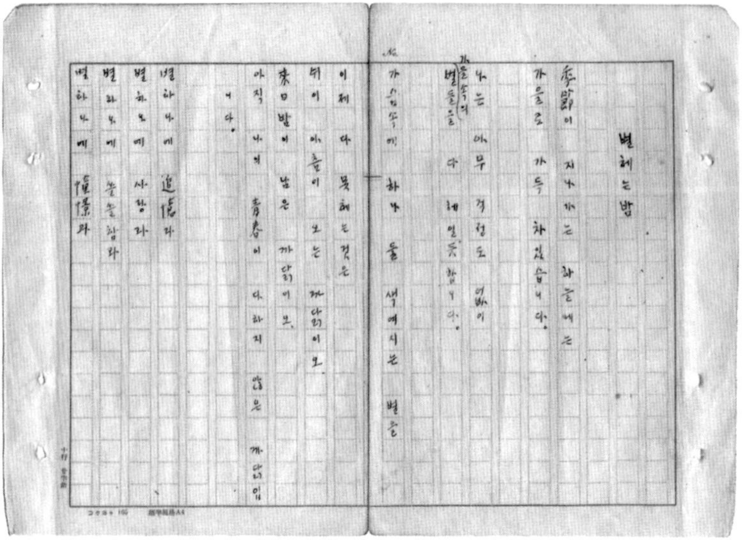
별 헤는 밤

季節이 지나가는 하늘에는
가을로 가득 차 있습니다.

나는 아무 걱정도 없이
가을 속의 별들을 다 헤일 듯합니다.

가슴속에 하나 둘 색여지는 별을
이제 다 못 헤는 것은
쉬이 아츰이 오는 까닭이오,
來日 밤이 남은 까닭이오,
아직 나의 靑春이 다하지 않은 까닭입
니다.

별 하나에 追憶과
별 하나에 사랑과
별 하나에 쓸쓸함과
별 하나에 憧憬과

〈별 헤는 밤〉 자필 원고 ①

어머님.

그리고 당신은 멀리 북간도(北間島)에 계십니다.

나는 무엇인지 그리워
이 많은 별빛이 나린 언덕 우에
내 이름자를 써 보고,
흙으로 덮어 버리었습니다.

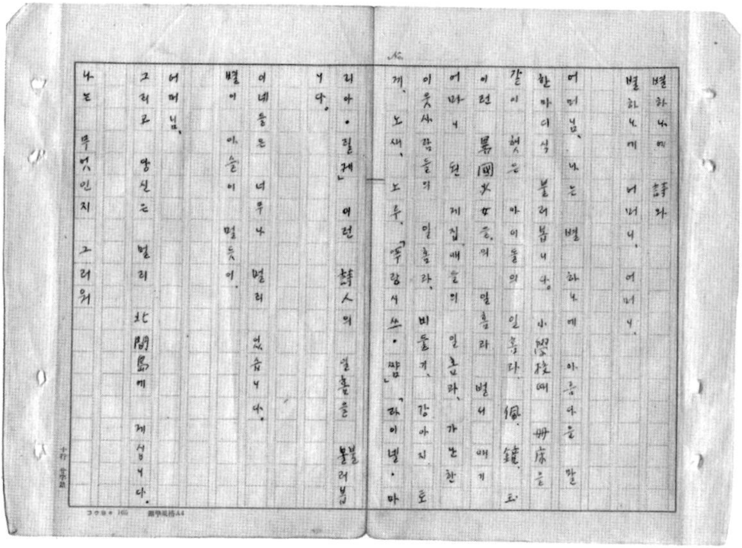
별 하나에 詩와
별 하나에 어머니, 어머니,
어머님, 나는 별 하나에 아름다운 말
한마디식 불러봅니다. 小學校때 冊床을
같이 했든 아이들의 일홈과, 佩, 鏡, 玉
이런 異國少女들의 일홈과 벌서 애기
어마니 된 계집애들의 일홈과, 가난한
이웃사람들의 일홈과, 비둘기, 강아지, 토
끼, 노새, 노루, 「쭈랑시쓰·짬」「라이넬·마
리아·릴케」이런 詩人의 일홈을 불러봅
니다.
이네들은 너무나 멀리 있습니다.
별이 아슬이 멀듯이.
어머님,
그리고 당신은 멀리 北間島에 계십니다.
나는 무엇인지 그리워

〈별 헤는 밤〉 자필 원고 ②

따는 밤을 새워 우는 벌레는
부끄러운 이름을 슬퍼하는 까닭입니다.

1941. 11. 5.

그러나 겨울이 지나고 나의 별에도 봄이 오면
무덤 우에 파란 잔디가 피어나듯이
내 이름자 묻힌 언덕 우에도
자랑처럼 풀이 무성할 게외다.

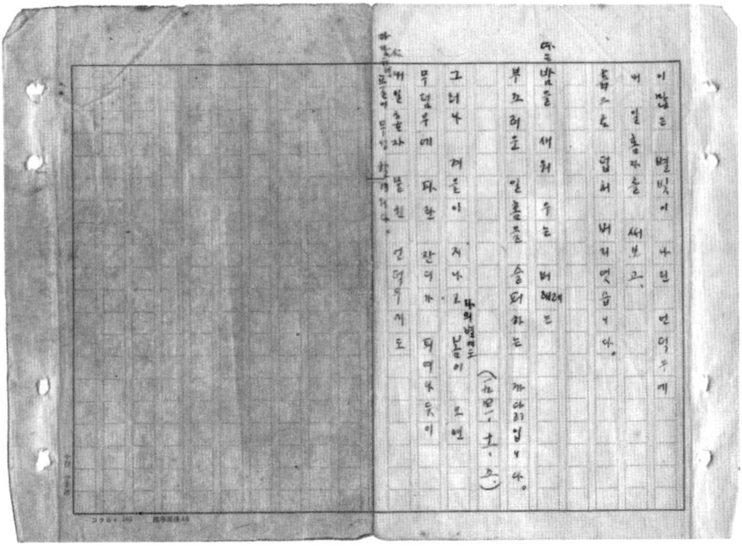

〈별 헤는 밤〉 자필 원고 ③

이 시는 1941년 11월 5일에 쓰였다. 이날이라면 윤동주가 연희전문학교 4학년 마지막 학기의 하루, 졸업을 기념해서 자선 시집 출판을 준비하던 무렵이었다.

시는 모두 10연으로 되어 있다. 시의 원본 원고를 보면, 9연 끝에 '1941. 11. 5.'라는 서명이 들어가 있다. 앞서 말한 대로, 윤동주는 자신의 작품 아래에 늘 쓴 날짜를 적는 습관이 있었다. 이는 오늘날 그의 시를 연구하는 이들에게 무척 중요한 자료이다. 그것은 〈별 헤는 밤〉의 비밀을 푸는 데에도 매우 쓸모 있다.

다시 말하건대, 서명은 9연 끝에 있다. 그렇다면 본디 여기까지 써서 마쳐 놓고, 다음에 추가로 10연을 더 써넣었다는 말이 된다. 왜 그랬을까?

별빛이 내리는 가을밤 언덕에 청년은 서 있다. 거기가 이 청년이 다니던 서울의 연희전문학교 기숙사 옆 언덕이었는지, 하숙을 하던 북아현동의 언덕길 한 모퉁이였는지 분명하지 않다.

어쨌건 이제 한 달만 있으면 졸업이다. 어렵게 들어온 대학이었고, 이제 졸업을 하면 그에게는 지금까지와 다른 세상의 일들이 기다리고 있다. 그는 이참에 자신이 살아온 생애를 돌이켜 본다. 꽤나 차분한 심정이 느껴진다. 아무 걱정도 없이 별을 헤고, 그것을 다하지 못하는데도 그다지 염려하지 않겠다고 말한다. 청춘이 다하지 않은 까닭이다.

도리어 추억과 사랑과 쓸쓸함과 동경과 시로 살아온 지난날이 절절이 다가올 뿐이다.

마지막에 나직이 어머니를 부른다. 어머니는 두 번을 연달아 부르고, 연을 바꿔 산문시로 나가면서 다시 부른다. 어머니를 이렇게 간절히 부른 시구가 또 있을까.

어머니와 한몫으로 달려 나오는 것은 바로 어린 시절이다.

그때 만난 모든 것들의 이름을 부른다. 어릴 적 친구들의 이름에서부터 가난한 이웃 사람, 존경하는 시인으로 옮겨 간다. 그러다가 마침내 비둘기, 강아지, 토끼 같은 짐승들에게까지.

그런데 그들은 모두 멀리 있다. 거리로도 시간으로도 멀다. 그러기에 그립다.

언덕 위에서 청년은 여기까지 이르자 마지막으로 자신의 이름을 쓴다. 자신의 이름이기에 부르기가 쑥스러워 땅바닥에 쓴 것인지 모른다. 그리고 흙으로 덮어 버린다.

이것은 무슨 의식이었을까? 가을이 깊어 가는 언덕 위에서 먼 어린 시절과 고향을 생각하고, 그들의 이름을 하나하나 불러 주고는, 마지막에 자신의 이름을 쓴 다음 흙으로 덮어 버리는 의식. 청년은 마지막에 그 이유를, "밤을 새워 우는 벌레는/부끄러운 이름을 슬퍼하는 까닭"이라고, 슬그머니 벌레 한 마리 뒤로 가서 숨으며 말한다.

부끄러움—그렇다. 이 청년의 온 생애를 뒤덮었던 한 마디 말이다. 그 한 마디로 청년은 그의 한 생애를 정리하였다. 그가 불러 본 어린 시절의 모든 이름들에게 부끄러웠다. 거기까지가 9연이다. 청년은 마침표를 찍고, '1941. 11. 5.'라고 서명한다. 〈별 헤는 밤〉은 그렇게 끝났다.

하지만 그렇게 끝낼 수 있었을까. 청년은 못내 서운했다. 서명한 날짜에 괄호를 치고 다음과 같이 이어 나간다.

그러나 겨울이 지나고 봄이 오면
무덤 우에 파란 잔디가 피어나듯이
내 이름자 묻힌 언덕 우에도
풀이 무성할 게외다.

새롭게 써넣은 10연이다. 우리는 앞서 〈쉽게 씌어진 시〉를 읽었다. 평이하게 진행하던 시가 마지막 두 연에 가서, 마치 휘몰아치듯, 결연한 의지를 보이지 않았던가. 이 10연이 그렇다. 부끄럽기만 하다고 끝내기 싫었을 것이다.

이렇듯 한 연이 덧붙여진 데에는 보다 직접적인 까닭이 있었다. 다음에 다시 소개하겠지만, 윤동주를 있게 했던 중요한 인물 가운데 한 사람인 정병욱, 바로 연희전문학교의 후배였던 그에게서 받은 조언 때문이었다. 이 시를 읽어 본 정병욱은 뭔가 아쉽다고 말했다. 그 가을밤이었을 것이다. 실로 윤동주는 자신의 시에 대해 완벽을 추구한 사람이었다. 그런 그가 후배의 말에 고분고분 따른 것은 아마도 스스로 생각하기에도 부족하다는 느낌을 받았기 때문이리라라. 9연의 시가 결국 10연으로 늘어났다.

그런데 거기서도 끝이 아니다. 좀 더 손을 대기로 한다. '겨울이 지나고'와 '봄이 오면' 사이에 '나의 별에도'를, 마지막 줄 앞에 '자랑처럼'을 써넣는다. 그렇게 해서 다시 읽어 보자.

> 그러나 겨울이 지나고 나의 별에도 봄이 오면
> 무덤 우에 파란 잔디가 피어나듯이
> 내 이름자 묻힌 언덕 우에도
> 자랑처럼 풀이 무성할 게외다.

그것만이 아니다. 앞 연의 '밤을 새워 우는 벌레는' 앞에 '따는(딴은)'을 집어넣는다. 이런 과정을 거쳐 〈별 헤는 밤〉은 탄생한다. 이야말로 시인 윤동주의 완성이다.

나의 별에도 봄이 오면

윤동주의 〈별 헤는 밤〉은 지금 남아 있는 그의 시 가운데 가장 긴 작품이다. 그리고 그가 대학 졸업을 코앞에 둔 시기에 썼다. 그리고 이 시는 생애의 한 시기를 정리하는 작품이다. 시인은 어느 시점에 자신의 생애를 돌아보고 그것을 정리하는 작품을 쓰고 싶어 한다. 이것은 시인이 가진 하나의 욕심이다.

윤동주는 이 시에서 그림 같은 자신의 어린 시절을 돌아보고 있다. 세월이 흐르고 나서 보면 지난날들이 다 그림 같지만, 고향과 어린 시절은 누구에게나 더 그렇다. 그것이 시의 바탕이 된다. 윤동주에게 어린 시절은 굳이 미화하지 않더라도 그림 같았다. 비록 만주 벌판에 세운 한국인 마을이었으나, 투철한 어른들이 개척한 고향 마을은 보람과 땀의 결실이었다. 거기에는 희망과 평화가 있었다.

그러나 그런 희망과 평화가 언제까지나 계속되지 않을 것이라는 불길한 예감은 이 시인을 짓눌렀다. 일본의 간교한 탄압은 날이 갈수록 더해 갔다. 방학 때마다 고향에 돌아가 보면 하루하루가 달랐다. 불안했다. 그러기에 지난날 아직 철모르고 지내던 어린 시절의, 마을 안에서 마을 사람들이 평화를 누리던 고향이 윤동주에게는 더욱 그리운 대상이었다.

나아가 그런 평화를 지킬 임무가 자신에게 주어져 있음을 잘 알았다. 서울에서 대학을 다니는 이 지식인이 어찌 고향 사람들이 자기에게 거는 기대를 몰랐겠는가. 그러나 밤을 새워 우는 벌레의 감수성만도 못한 자신은 그저 부끄러울 뿐이다. 이 시인이 평생을 '부끄러움'이라는 낱말을 입에 달고 산 것은 여기서 비롯된다.

그림 같은 어린 시절—이 시에서 그것은 하늘의 별로 형상화되어 있다. 그리고 그 별에 봄이 찾아오리라 믿는다. 그러나 그 봄에 자신은 풀이 우거진 무덤 안에 누워 있을는지 모른다. 이 불길한 예감은 불과 몇 해가 지나지 않아서 현실로 나타나고 만다.

우등생이 아니었던 소년

〈만돌이〉

〈해바라기 얼굴〉

아홉 살에 들어간 소학교

윤동주는 아홉 살이 된 1925년 명동소학교에 입학한다. 지금으로 보면 늦은 나이이지만, 고종 사촌 송몽규도 아홉 살에 함께 입학했으니, 아마도 딱히 늦었다고 생각하지 않았던 듯하다.

명동소학교는 '서숙(書塾)'이라는 이름으로 소학교와 중학교가 같이 있었다. 이 학교는 나름대로 근방에서 이름을 날렸다. 1908년 명동촌의 한문 서당 세 곳을 하나로 묶어 신식 교육을 시킬 목적으로 세웠는데, 윤동주의 외삼촌인 김약연이 숙감을 맡았다.

앞서 밝혔지만, 학교 설립 후 정재면 선생이 부임하면서 학교다운 모양을 갖추었다. 정재면 선생은 학생들에게 기독교 교육을 전제 조건으로 부임하였고, 나중에 일반인들에게까지 전도하여 명동촌의 기독교화를 꾀했다.

처음에는 소학교로 시작하였지만 1910년에 중학부를 개설하였고, 1918년에는 개교 10주년을 맞아 서양식 벽돌 건물을 지었다. 아마도 이때가 명동서숙의 전성기가 아니었을까 한다. 그러나 만주 일대에서 독립군들의 활동이 거세지면서 이에 따라 일본군의 횡포도 더해졌는데, 급기야 1920년에 일본군은 새로 지은 이 학교 건물을 불 질러 버리고 만다. 이는 명동서숙이 기울기 시작하는 계기가 되었다.

물론 그로부터 2년 뒤인 1922년에 일본 정부는 불태운 학교를 다시 지어 주기는 한다. 그러나 명동촌은 더 이상 마을로서 커 가지 못한 데다, 이웃 마을 용정에 은진중학교, 명신여학교 등이 세워지면서 아무래도 경쟁력을 잃었던 것 같다.

윤동주 연구가인 송우혜의 기록에 따르면, "설상가상으로 1924년의 유명한 갑자년 가뭄으로 인한 대흉년 때문에 심각한 경영난까지 겹쳤다"고 하며, "간혹 윤동주 관계 기록 속에 '명동중학교가 일제에 의해 강제 폐교되었다'는 대목이 나오기도 하는데, 이것은 사실과 전혀 맞지 않는 기술"이라 말한다.

윤동주가 입학하던 1925년에 명동서숙은 결국 중학교를 폐교하고 소학교만 남긴다. 윤동주가 보냈던 명동촌의 아름답고 풍요로운 어린 시절은 이렇듯 조금씩 어두워져 가고 있었다.

윤동주의 소학교 생활은 평범했다고 할 수 있다. 아래 증언을 들어보자.

윤동주는 성품이 아주 순했어요. 너무 어질었지. 그

래서 잘 울었고……. 누가 조금만 꾸짖으면 금방 눈물이 핑 돌았지요. 친구가 싫은 소리를 해도 그랬고……. 하하. 본래 재주 있는 아이였어요. 공부도 잘하는 축이었고요. 그래도 어쩌다 문답할 때 대답

1910년대의 명동학교 건물

이 막히면 금방 눈물이 핑 도는 거예요.

4학년 때 담임 한준명 목사의 증언. 송우혜, 《윤동주 평전》에서

'성품이 순하고 눈물이 많은 소년.' 험한 세상을 헤쳐 나가

기엔 분명 단점이었겠으나, 오히려 이 점이 그의 문학적 자질을 키우는 데 큰 몫을 했다.

윤동주는 4학년 무렵부터 서울에서 간행되던 《어린이》, 《아이생활》 같은 잡지를 구독했고, 5학년 때에는 급우들과 함께 《새명동》이라는 등사 잡지를 만들었다. 이는 윤동주가 앞으로 어떻게 나갈 것인지 미리 보여 주는 대목이다. 이 무렵 윤동주의 집안이 유복했기에 잡지를 구독할 수 있었다고는 하나, 거기에 그치지 않고, 나름대로 자신들의 잡지를 만들어 보았다는 것은 소학교 학생으로서 쉬운 일은 아니었을 터이다.

굳이 윤동주만 그렇지는 않았다. 또래인 문익환과 송몽규가 그러했고, 나중에 시인으로 등단한 김정우가 그랬다. 윤동주가 속한 학년 전체가 문학적 소양을 갖춘 아이들로 짜여 있어, 그것이 서로를 부추기는 힘이 되었다고 볼 수 있다.

만돌이는 누구일까

우리에게는 흔히 우리가 흠모하는 위인이 모든 방면에서 무엇이나 잘하던 사람이기를 은근히 바라는 심리가 있다. 자신의 영웅으로 생각하는 까닭이다.

그러나 때로 훌륭한 사람이 무척 평범한 데에서 평범한 삶을 살다 간 경우도 있다. 그는 도리어 평범한 생활 속에서 가장 평범한 사람이었기에 우리를 가슴 깊은 곳으로 찾아오는지 모른다. 윤동주의 소학교 시절을 좀 더 자세히 알 자료는 그다지 많지 않지만, 주변 사람들이 기억하는 몇 가지 에피소드를 보아도 그를 특이한 인물로 볼 근거는 거의 없다.

우리는 그의 심성이 어떠했는지, 세상을 바라보는 눈이 어땠는지, 그래서 그것이 나중에 그의 시 세계에 어떻게 반영되었는지 궁금할 뿐이다.

나는 그 같은 질문에 대한 답으로 〈만돌이〉라는 시가 매우 적절할 것으로 생각한다.

만돌이

만돌이가 학교에서 돌아오다가
전봇대 있는 데서
돌 재기 다섯 개를 주었습니다.

전봇대를 겨누고,
돌 첫 개를 뿌렸습니다.

딱

두 개째 뿌렸습니다.

아뿔싸

세 개째 뿌렸습니다.

딱

네 개째 뿌렸습니다.

아뿔싸

다섯 개째 뿌렸습니다.

딱

다섯 개에 세 개……

그만하면 되었다.

내일 시험.

다섯 문제에, 세 문제만 하면……

손꼽아 구구를 하여 봐도

허양 육십 점이다.

볼 거 있나 공 차러 가자.

그 이튿날 만돌이는

꼼짝 못 하고 선생님한테

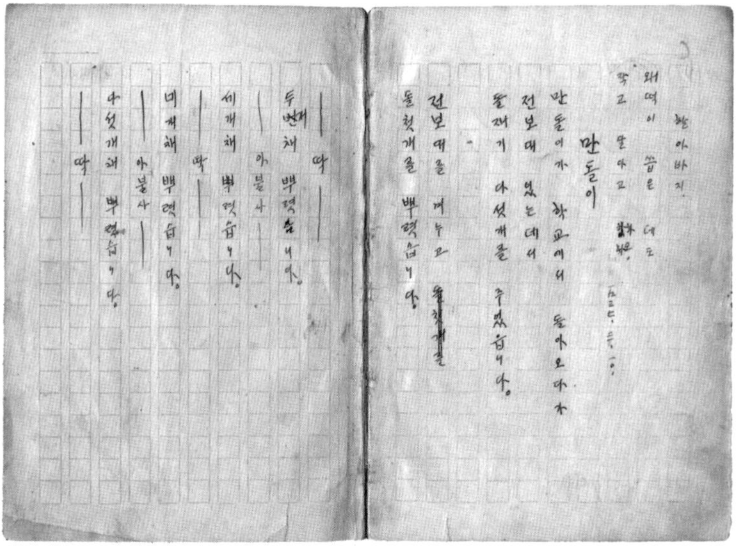

〈만돌이〉 자필 원고 ①

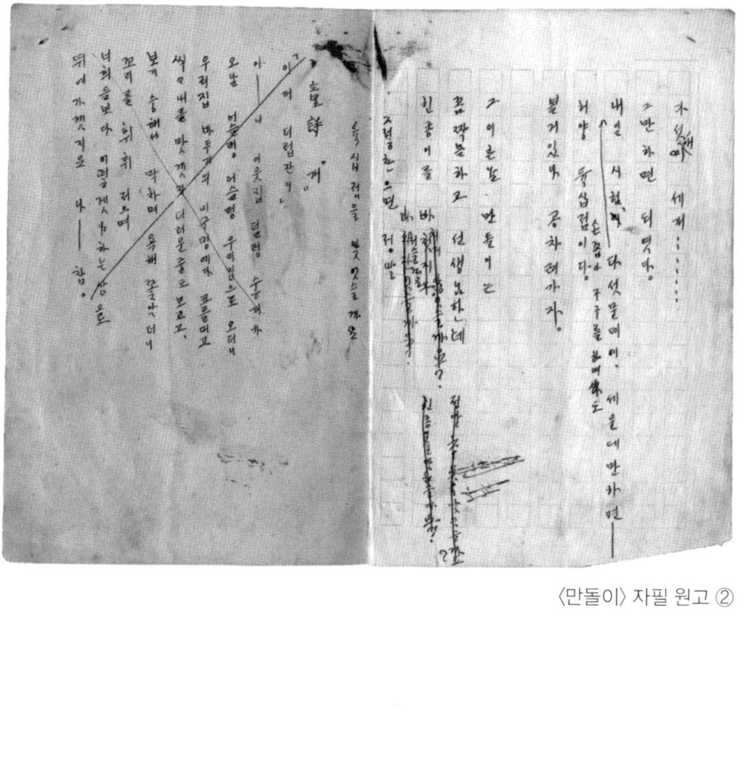

〈만돌이〉 자필 원고 ②

흰 종이를 바쳤을까요
그렇잖으면 정말
육십 점을 맞었을까요.

이 시를 지은 날짜는 없다. 윤동주의 첫 번째 시작 노트인 《나의 습작기의 시 아닌 시》에 실려 있으나, 바로 앞에 적은 시 〈할아바지〉에 '1937. 3. 10.'이라는 기록이 보일 뿐이다. 차례대로 본다면 이 시 이후에 썼을 것으로 보이는데, 이때라면 윤동주가 평양의 숭실중학에 재학 중이거나, 학교를 자퇴하고 용정으로 돌아와서이다. 바야흐로 시 쓰기에 매진할 무렵이다.

'만돌이'는 딱히 누구라고 가리킬 수 없는 가공의 인물이다. 그러나 이런 시적 주인공은 주변에서 얼마든지 볼 수 있는 학생 아니겠는가. 공부하기보다 놀기를 좋아하는 평범한 심성을 지닌 아이이다. 내일이 시험인데, 적어도 60점은 맞아야 선생님에게 혼나지 않는, 그래서 코앞에 닥친 시험을 준비하자면 열심히 공부해야 하지만, 재미있는 공차기의 유혹을 뿌리치지 못하는 아이이다.

전봇대에 돌멩이 다섯 개를 던져 내일의 점수를 점치는 것이야말로 가장 전형적인 어린아이들의 주술 기원(바라는 일이 이루어지기를 빎)이다.

특히 〈만돌이〉는 윤동주가 이 무렵에 쓴 시 (혹은 동시) 가운데 구체적인 인물이 등장하는 드문 경우에 속한다. 만돌이는 실재의 인물이거나, 윤동주가 만든 가공의 인물이거나, 실제 그런 아이가 있지만 이름만 바꾸었을 수도 있다. 그런데 그 등장인물로 이렇듯 평범한 아이를 택한 데에는 어쩌면 윤동주 본인의 마음이 그 안에 은근히 배어 있을 것으로 짐작되어 더욱 재미있다.

뒤에 나오지만, 윤동주 자신이 축구를 무척 즐겼고, 그러다 보니 주변에서 공부보다 축구를 더 좋아하는 친구들을 일상적으로 보아 왔을 것이다. 그러므로 전봇대에 돌멩이 다섯 개를 던지는 아이는 주변의 어떤 친구일 수도 있고, 나아가 윤동주 본인일 수도 있다.

소학교 시절의 윤동주는 민족의 운명을 생각하는 영특한 아이이거나, 철부지 또래들과 어울리기 싫어하는 조숙한 아이는 아니었을 것이다.

도리어 축구를 좋아하고, 시험 보기를 싫어하여 전봇대 점이나 치는 친구들 마음을 알고 이해할 수 있는, 어쩌면 스스로 그런 마음이 가득한 어린아이는 아니었을까. 그렇기에 "어쩌다 문답할 때 대답이 막히면 금방 눈물이 핑 도는" 순하

명동학교 제17회 졸업생 기념 촬영. 윤동주, 송몽규, 문익환의 모습이 보인다.

고 순진한 아이였을 것이다.

명동촌은 윤동주에게 아름다운 곳이었다. 적어도 그가 어린 시절을 보내는 동안 명동촌은 활력에 차 있었고, 그의 집도 유복하였다. 이런 까닭에 추억은 아름답게 남아 있을 수 있었다. 비록 국경을 넘어 남의 땅에 만든 정착촌이었으나, 저 오랜 옛날로 거슬러 올라가 본다면, 그곳이 만주 벌판을 호령하던 우리 옛 조상들의 땅이었다. 만돌이 같은 친구가 옆에 있고, 지성으로 감싸 주던 선생님이 있었다.

윤동주는 열다섯 살이 되던 1931년 3월 20일, 명동소학교를 졸업하였다.

학교에서는 졸업생 14명에게 김동환의 시집 《국경의 밤》을 선물로 주었다. 지금까지도 최초의 장편 서사시로 한국 문학사를 장식하고 있는 이 시집이 윤동주와 그의 동급생들에게 주어진 것은 무척 뜻깊다. 하필 이 시집을 선물로 준 데에는 윤동주와 친구들이 지닌 문학과 글쓰기에 대한 열정을 장려하려는 뜻이 들어 있었으리라.

그뿐인가. 《국경의 밤》은 소외된 국경 지대 사람들의 궁핍한 생활상과 식민지 치하의 비정한 현실을 눈물겹게 그리고 있는 시집이다. 어린 윤동주와 그 친구들의 정서에 끼쳤을 영향을 우리는 그냥 지나칠 수 없다.

명동촌을 떠나 용정으로

명동소학교를 졸업한 윤동주가 중학교에 진학하기 전에 보낸 시간이 이채롭다. 그는 송몽규·김정우와 함께 명동에서 10리 남쪽에 있는 화룡현의 현청 소재지인 따라즈의 중국인 소학교 6학년에 편입하여 1년간 공부한다.

왜 굳이 이 학교에 가야 했을까?

윤동주만이 아니라 다른 몇 사람이 함께 이 학교를 다녔다는데, 동생인 윤일주는 이 학교의 이름을 '화룡현립 제일소학교 고등과'라 밝히고 있다.

그렇다면 단순한 소학교가 아니라, 소학교에 설치된 일종의 중학교 과정이라는 말일까? 그러다가 다시 정식 중학교에 들어갔다는 것일까?

어찌 되었든 이 1년간 윤동주는 또 다른 체험을 한다. 아이에게 10리 길은 만만치 않은 거리이다. 더욱이 그곳은 중국인 학교이다. 명동촌에서 한국인하고만 지내던 윤동주로서는 처음으로 맞는 본격적인 외국 생활 체험이었다.

그 체험이 어린 윤동주에게 그다지 나쁘지 않았던 것 같다. 앞서 소개한 〈별 헤는 밤〉에서, "소학교(小學校) 때 책상(冊床)을 같이 했던 아이들의 이름과, 패(佩), 경(鏡), 옥(玉) 이런 이국 소녀(異國少女)들의 이름과"라는 구절이 이 점을 암시한다. 별 하나에 아름다운 이름 하나씩을 불러 보면서, 명동촌의 소학교 친구들 다음에 바로 이때 만난 이국 소녀들의 이름이 등장하고 있지 않은가.

그러다가 윤동주는 1932년 4월, 명동촌에서 20리 서쪽에 있는 소도시인 용정의 기독교계 학교인 은진중학교에 송몽규·문익환과 함께 입학한다.

중학교에 진학할 무렵 윤동주에게는, 아니 윤동주의 집안에는 커다란 변화가 생긴다. 바로 명동촌의 농토와 집을 소작인에게 맡기고 용정으로 이사한 것이다. 1886년에 처음으로 간도의 자동으로 이주한 지 45년 만에, 그리고 1900년에 명동촌으로 이주한 지 31년 만에 그들은 새로운 보금자리를 만든다.

그러나 새 보금자리는 그다지 넉넉하지 못하였다. 이미 앞서 설명했지만, 명동촌이 마을로서 쇠락의 길을 걸은 데에다, 대도시로 성장해 가던 용정에서 새로운 일자리를 구하러 갔던 것이니, 모든 것을 새로 시작해야 할 형편이었다. 아버지는 인쇄소를 내었으나 여의치 않았다.

사실 농사를 지으며 살아온 그들이 새로운 도시 생활에 적응하기란 쉽지 않았을 터이다. 비록 농촌이지만 모든 것이 여유로웠던 명동촌이었기에 말이다.

윤동주의 집안이 정확히 어느 해에 용정으로 이사했는지에 대해서는 두 가지 이야기가 있다. 동생 윤일주는 윤동주가 은진중학교에 입학하던 해를 1932년이라 하고, 송우혜는 그보다 한 해 앞선 1931년이라 한다. 송우혜의 설명을 들어보자.

그러나 윤동주의 한 살 아래 외사촌 동생이자 명동소학교 동창생인 시인 김정우는 "동주의 약 30년이란 짧은 인생을 나누어 보면, 동주가 열다섯 살 늦가을에 명동촌을 떠나 용정시로 이사한 것을 기준으로……"라고 기술하고 있어, '1931년 늦가을'로 명확하게 못 박고 있다. 윤일주(1927년생)는 1932년이라야 5살밖에 안 되었고, 김정우는 그보다 9살이나 연상이었던 것을 생각하면, 김정우 쪽의 기억이 더 신빙성이 있다.

송우혜, 《윤동주 평전》에서

이 증언대로라면 윤동주가 중국인 소학교에 다니던 가을에 집안이 용정으로 이사를 했다는 것이 된다. 명동촌에서 10리 거리에 있던 중국인 소학교, 그리고 용정은 명동촌에서 20리 거리. 그렇다면 산술적으로 30리 거리에 있는 학교를 다녀야 했다는 것일까. 대답은 '아니다'이다. 송우혜의 설명에 따르면, 이때 송몽규의 집에서 살며 학교를 다녔을 것으로 추측한다. 이듬해 은진중학교에 두 사람이 나란히 입학했을 때, 송몽규가 윤동주의 집에 함께 살며 중학교에 다녔다는 증언이 있는데, 중국인 소학교 시절은 이와 반대의 상황이었다.

아직은 어린 나이이다. 아무리 친척집이라 하나, 가족들과 헤어져, 낯선 이국의 학교에 다녔던 체험. 이것은 아무래도 〈별 헤는 밤〉의 '어머니 생각'으로 자연스럽게 이어진다. 그의 짧은 생애를 두고, 언제까지나 잊히지 않던 아련한 고향 생각은 이때부터 비롯된 것이다.

윤동주가 가족과 떨어져 생활한 경험은 이후 세 차례 더 있다. 평양의 숭실중학에 다니던 1년간, 서울의 연희전문학교에 다니던 4년간, 그리고 일본에서의 3년간이다. 그 경험의 첫 번째로 중국인 소학교 시절이 자리 잡고 있다.

은진중학교 시절

은진중학교는 기독교계 학교로 용정에 있었다. 1년간 중국인 학교를 다니던 윤동주는 다시 명동촌의 친구들과 함께 나란히 이 학교에 입학한다. 1932년 3월의 일이다.

재학 시절에 윤동주는 급우들과 교내 문예지를 만들고, 축구 선수로 뛰고, 교내 웅변대회에서 '땀 한 방울'이라는 제목으로 1등을 하기도 했다고, 동생 윤일주는 증언한다. 축구

이야기는 이미 앞서도 했거니와, 이 증언에 이어 윤동주가 재봉틀에 솜씨가 있었다는 대목에 주목해야겠다. 자세히 들어 보자.

> 은진중학교 때의 그의 취미는 다방면이었다. 축구 선수로 뛰기도 하고 밤에는 늦게까지 교내 잡지를 내느라고 등사 글씨를 쓰기도 하였다. 기성복을 맵시 있게 고쳐서 허리를 잘룩하게 한다든지 나팔바지를 만든다든지 하는 일을 어머니의 손을 빌지 않고 혼자서 재봉틀로 하기도 하였다. 그는 수학도 잘하였다. 특히 기하학을 좋아하였다.
>
> 윤일주의 증언

중학교 학생이라면 요즈음과 달리 그때는 꽤나 성숙한 나이로 쳐 주었다. 조혼의 풍습이 있을 때였고, 중학교에 진학하는 이가 드물었기 때문이기도 하다. 교내 문예지를 만들기로는 이미 소학교 시절에 경험한 바이고, 등사 인쇄로 제법 책다운 꼴을 갖출 정도까지 발전한 것 같다. 사실 등사를 하자면 먼저 기름종이에 필경(筆耕)을 해야 하는데, 이것은 성인의 손힘이 아니면 어렵다.

그건 그렇다 치지만, 재봉틀은 무엇인가. 바느질 솜씨에 대한 증언은 다른 이에게서도 듣게 된다.

> 동주는 재봉틀질을 참 잘했어요. 그래서 학교 축구 부원들 유니폼에 넘버를 다는 것을 모두 동주가 집에 갖고 가서 제 손으로 직접 박아 왔었지.
>
> 문익환의 증언

이제는 많이 달라졌지만, 예전 풍습에 남자가 여자 하는 일에 손을 대기란 여간치 않았으리라. 아무리 명동촌 분위기가 개화되었다고 해도 말이다. 어떻든 거기에 취미를 갖거나, 그렇다 해도 소질이 있은 다음에야 가능할 터이다. 윤동주의 집안이 완고한 구습에 사로잡혀 있지 않았으며, 그 스스로 재봉틀을 다루는 데 재주가 있었던 모양이다.

우리는 이를 통해 윤동주가 지닌 심성을 이해할 수 있다. 축구를 좋아하는 남성적인 성격의 다른 한 면에는 유니폼 번호를 달기 위해 재봉틀질 하는 꼼꼼함.

거기서 더 나아가, 그러기에 다음과 같은 시를 쓸 수도 있지 않았을까.

해바라기 얼굴

누나의 얼굴은
해바라기 얼굴
해가 금방 뜨자
일터에 간다.

해바라기 얼굴은
누나의 얼굴
얼굴이 숙어들어
집으로 온다.

이 시는 1937년에서 1938년 사이에 쓰인 것으로 보인다. 모처럼 평양으로 유학을 갔다가, 숭실중학교가 신사참배 문제에 휩싸이게 되자, 윤동주를 비롯한 명동촌 출신들은 자퇴 원서를 내고 학업을 포기한 채 고향으로 돌아왔다. 그리고 광명중학교에 편입하는데, 이 시를 쓰기는 바로 그 무렵이다.

윤동주가 어려서부터 동시를 즐겨 쓴 사실은 잘 알려져 있다. 이 작품은 그 가운데서도 대표적으로 꼽힐 만하지만, 동시다운 간단한 구조 속에서도 전달하려는 메시지는 무척 강렬하다.

여기서 누나는 그가 명동촌이나 용정에서 볼 수 있었던 평범한 농촌 여성일 것이다. 온종일 노동에 매달려야 하는 농촌 여성의 전형일 것이다. 그것이 어린 윤동주의 눈에는 해바라기처럼 보였던 듯하다.

해바라기는 두 가지 모습을 가지고 있다. 하나는 둥그렇고 해사한 모습의 아름다운 꽃이다. 아직 젊은 누나는 그렇듯 아름다운 얼굴을 가지고 있다. 그러나 다른 한편으로는 날만 새면 일터로 나가고, 해가 저물어서야 집으로 돌아오는 고된 인물이다. 해가 뜨면 고개를 들고, 해가 지면 고개를 숙이는 꽃. 그것은 해바라기이면서 동시에 그런 삶을 살아가는 누나이기도 하다.

한 대상을 두고 이렇듯 서로 다른 두 가지 느낌으로 접근할 만한 눈을 가지고 있었던 것이 예사롭지 않다. 평범한 중학생이라면 아름답다든지 고통스럽다든지 어느 한쪽에 고정되기 쉬운데 말이다.

윤동주가 이런 눈을 가졌던 것은 그가 지닌 심성과 관련이 있어 보인다. 축구를 좋아하는 그 또래 사내아이들이 지녔을 거친 성품이 한쪽을 이룬다면, 재봉틀질을 잘하는 섬세한 성품이 또 다른 한쪽을 이루고 있다. 사물을 어느 한쪽으로만 보지 않고, 더욱이 보통의 아이들이라면 보지 못할 세밀한 데까지 눈이 미쳤다는 것은, 그 자신이 가진 성품이 잘 드러난 것이다.

윤동주는 이미 시인이 될 수 있는 자질을 몸속에 저장하고 있었다.

1934년의 크리스마스이브

윤동주 연구자들이 한결같이 지적하는 점이 있다. 그가 남긴 시작 노트에서, 한 편의 시마다 꼬박꼬박 쓴 날짜를 기록한 일이다.

알다시피 윤동주는 살아서 정식으로 문인으로 데뷔하지 않았다. 몇 편의 시와 산문이 신문이나 잡지 그리고 교지에 실렸지만, 그것은 어디까지나 학생이나 독자의 신분으로 낸 투고작이었다. 그에 대한 시인으로서의 평가는 죽은 다음의 일이다. 그런 면에서 시를 쓴 날짜를 정확히 알 수 있다는 사실이 연구자들에게는 무척 중요하다.

물론 죽어서 높은 평가를 받는 시인이나 작가는 더러 있다. 그러나 근대적인 문학 풍토가 만들어진 다음에는 죽은 다음의 평가라는 것도 어느 정도 살아서의 활동이 배경을 이루고 있어야 가능하다. 그에 비한다면 윤동주는 아무런 배경이 없다. 그야말로 작품만 남겨 놓고 사라진 존재이다.

윤동주가 남긴 것이라곤 시와 그 시를 쓴 날짜뿐이다. 그런데 그것이 다른 문인들이 데뷔를 하고 통상적인 문단 생활을 한 것을 대신하는 무게를 지니고 있다.

또 거기서만 끝나지 않는다. 윤동주가 자신의 시에 날짜를 남긴 일의 또 다른 의의를 찾아가 보자.

> 윤동주는 자기가 작품을 쓴 날짜를 일일이 명기하여 소중히 정리해 둔 점에서 가장 대표적이고 모범적인 문인이다. 그것이 그의 인간과 작품을 연구하는 데 얼마나 큰 도움이 되는가는 두말을 요하지 않는다. 그런데 지금까지 윤동주 연구가들이 소홀히 지나친 사실 중의 하나가, 윤동주가 자기 작품에 '지은 날짜'를 명기하여 보관하기 시작한 시점이 지닌 의미이다.
>
> 송우혜, 《윤동주 평전》에서

그렇다. 그는 무슨 까닭으로, 무엇이 계기가 되어 작품마다 날짜를 써서 남기는 습관을 가지게 되었을까?

윤동주가 시작 노트에 남긴 처음 날짜는 '1934년 12월 24일'이다. 이날 윤동주는 세 편을 동시에 실었다. 〈삶과 죽음〉, 〈초 한 대〉, 〈내일은 없다〉가 그것이다. 세 편이 모두 수준작이다. 그러므로 한날한시에 이 세 편을 써서 적어 두었다고 보기는 어렵다. 아마도 전에 썼던 것을 최종적으로 다듬어 완성시킨 것이 그 날짜가 아니었을까 한다.

그렇다면 이날, 1934년의 크리스마스이브에 무슨 일이 있었던 것일까?

1934년이라면 윤동주의 나이 18세, 은진중학교 3학년 때이다. 어려서부터 그가 키워 온 시인에 대한 열망은, 비록 구체적인 증거 자료가 남아 있지 않지만, 지금 우리가 생각할 수 있는 것 이상이었음이 분명하다. 열여덟의 윤동주는 바야흐로 문학청년의 열병에 사로잡혀 있었다.

더욱이 그의 주변에는 이미 소학교 시절부터 글쓰기에 서로 어깨를 겨루는 쟁쟁한 친구들이 있었다. 문익환은 나중에 목사가 되었지만 동시에 뛰어난 감수성을 지닌 시인이었고, 김정우는 아예 등단하여 정식 시인으로 활동하였다.

넘나들이로 그들이 문학에의 열망을 키우고 있을 때 마치

청천벽력(?)과 같은 소식이 날아들었다. 12월 중순께였다. 뜻밖에도 송몽규가 동아일보 신춘문예의 콩트 부분에서 당선이 된 것이다.

동아일보의 신춘문예라는 제도는 1923년부터 시작되었다. 창간된 지 꼭 3년 뒤부터이다. 처음에는 독자들을 모으기 위한 방법이었지만, 해가 거듭될수록 이 신춘문예는 전문적인 문인을 배출하는 산실이 되었다. 1933년에는 황순원, 1934년에는 조명암 같은 작가와 시인이 동아일보 신춘문예를 통해 문단에 나왔다.

《동아일보》에 당선된 송몽규의 콩트 〈술가락〉 전문

송몽규는 1935년 당선자이다. 그해에 장편소설 공모에서 심훈의 《상록수》가 당선되었고, 다음 해인 1936년에는 소설의 김동리와 시의 서정주가 등단한다. 이 무렵은 동아일보 신춘문예가 문단 등단의 권위 있는 경로로 자리매김하던 때였다.

그런 시기에 송몽규의 등단은 놀라운 일이었다. 더욱이 그는 중학교 3학년의 어린 학생이었다. 그의 당선작 〈숟가락〉을 싣고 있는 동아일보 1935년 1월 1일자 신문을 보면, 송몽규의 이름이 송한범(宋韓範)으로 나온다. 송한범은 그의 아명이다. 아직 아명을 쓰고 있을 나이에 송몽규는 등단을 한 것이다.

이 일에 누구보다 놀라기로는 아마도 윤동주를 비롯한 그의 친구들이 아니었을까 싶다. 한 우물에서 놀던 친구가 일약 지역도 아닌 중앙 문단의 문인이 된 것이다.

우리는 즐거운 마음으로 1934년 12월 24일 밤, 자신의 책상 앞에 앉은 윤동주를 상상하게 된다. 문학적 재주로 놓고 본다면 결코 고종 사촌인 송몽규에게 뒤진다고 생각해 본 적 없는 그이다. 꾸준히 습작을 하고, 두루 여러 시인들의 작품을 읽었다. 언젠가 자신의 이름을 걸고 시를 발표하리라는 생각에 가슴 설레고 있었다.

그런데 이게 웬일인가. 어느 와중에 몽규는 가난한 부부의 남은 전 재산인 숟가락 하나로 벌어지는 눈물겨운 이야기를 써서 투고를 했다니. 그리고 그것이 당선되어, 이제 일주일 뒤에 나올 신문에 이름 석 자와 함께 작품이 실리게 되다니. 아, 나도 분발하지 않으면 안 된다.

이런 생각 끝에, 윤동주가 자기 문학에 대한 새로운 각성과 각오를 단단히 하게 되었다고 마무리해도 될 성싶다.

> 그리하여 그는 그보다 일주일 전에 정리해 놓았던 세 편의 시를 출발점으로 하여, 그 이후로는 시를 지을 때마다 완성된 날짜를 기록하여 정리하고 보관하는 일을 시작한 것이다.
>
> 송우혜, 《윤동주 평전》에서

윤동주는 1934년 크리스마스이브를 그렇게 하얗게 새고 있었다. 창밖에는 그보다 더 하얀 눈이 펄펄 날리고 있었는지 모른다.

사랑하는 동무 朴이여! 그리고 金이여! 자네들은 지금 어디 있는가? 끝없이 안개가 흐르는데,

"새로운 날 아츰 우리 다시 情답게 손목을 잡어 보세" 몇字 적어 포스트 속에 떠러트리고,
밤을 새워 기다리면 金徽章에 金단추를 삐였고 巨人처럼 찬란히 나타나는 配達夫,
아츰과 함께 즐거운 來臨,

이 밤을 하욤없이 안개가 흐른다.

五月十二日.

쉽게 씨워진 詩

窓밖에 밤비가 속살거려
六疊房은 남의 나라,

詩人이란 슬픈 天命인줄 알면서도
한줄 詩를 적어 볼가,

땀내와 사랑내 포근히 품긴
보내주신 學費封套를 받어

大學 노-트를 끼고
늙은 敎授의 講義 들으러 간다.

생각해 보면 어린때 동무를
하나, 둘, 죄다 잃어버리고

나는 무얼 바라
나는 다만, 홀로 沈澱하는 것일가?

人生은 살기 어렵다는데
詩가 이렇게 쉽게 씨워지는 것은
부끄러운 일이다.

六疊房은 남의 나라.
窓밖에 밤비가 속살거리는데,

등불을 밝혀 어둠을 조금 내몰고,
時代처럼 올 아츰을 기다리는 最後의 나,

나는 나에게 적은 손을 내밀어
눈물과 慰安으로 잡는 最初의 握手.

一九四二. 六. 三.

봄

봄이 血管 속에 시내처럼 흘러
돌, 돌, 시내 가차운 언덕에
개나리, 진달래, 노-란 배추꽃

三冬을 참어온 나는
풀포기 처럼 피여난다.

즐거운 종달새야
어느 이랑에서나 즐거웁게 솟처라

푸르른 하늘은
아른, 아른, 높기도 한데……

평양 숭실학교의 체험

〈이런 날〉

〈오줌싸개 지도〉

세월은 어수선하기만 하고

1935년 새해 아침, 동갑내기 사촌 형제 송몽규의 신춘문예 당선작이 실린 동아일보가 배달되었다. 그것은 하나의 사건이었다.

그러나 송몽규는 다른 생각으로 골똘했다. 송몽규와 문익환 그리고 윤동주는 이제 열아홉 살이 되었다. 당시로서는 적은 나이가 아니었다. 그러나 누구보다 송몽규가 조숙했다.

1930년대에 들어서면서 일본은 조선에 대한 지배 체제를 굳히고, 슬슬 만주 쪽으로 관심을 옮긴다. 1931년 9월에 일어난 만주사변과, 1933년 1월에 터진 산해관 사건이 대표적이다. 일본은 만주에 자신들의 꼭두각시 국가인 만주국을 세우고, 청나라의 마지막 황제 부의를 왕으로 앉혔다.

그만큼 식민 지배가 굳어지고, 일본의 영향력이 만주로까지 확대되는 시기에, 조숙한 송몽규의 고민은 남달랐다. 그는 광명중학 학생들 가운데서도 정치나 시사에 남달리 관심이 많았다.

봄이 오자 송몽규는 집을 떠났다. 신춘문예도 학교도 그의 관심 밖이었다. 그는 중국 난징의 독립운동 단체로 갔다. 4월이었다.

윤동주의 사촌 형제인 송몽규

집을 떠난 송몽규가 어떤 일을 했는지는, 나중에 일본 교토에서 윤동주와 함께 체포되었을 때 일본 경찰이 만들었던 '취조 문서'에 간명하게 나와 있다.

> 1935년 4월 은진중학교 3학년 때인 19세의 나이로 당시 남경에 잠복하고 있던 조선 독립운동 단체인 김구 일파를 찾아가 독립운동에 참가할 목적으로 동년 11월까지 그곳에서 교육을 받았다. 그러나 김구 일파의 내부 사정으로 말미암아 목적 달성이 어려울 것을 알게 되자 다시 제남시에 있는 이웅이라는 독립운동가를 찾아가 함께 독립운동을 펴려고 하였으나 사찰 당국의 압박으로 목적을 이루지 못하고 1936년 3월 출생지의 부모 곁으로 돌아왔다.
>
> 《문학사상》, 1977년 12월호

열아홉의 나이에 그는 혁명가를 꿈꾸었던 것이다. 김구 선생을 찾아가 교육을 받았다는 것은 "임시정부 군관 학교에 가서 교육을 받은 것"이라는 사실을, 윤동주 연구자인 송우혜는 끈질긴 추적 끝에 밝혀낸 바 있다. 비록 1년 만에 이루지 못한 꿈으로 끝나고 말았지만, 송몽규가 여기서 접은 것은 아니었고, 이 꿈을 생애 내내 자신을 붙잡은 시대적 소명과 같이 여겼다.

그랬던 것이 결국 스물아홉 나이에 자신과 윤동주의 비극적인 죽음으로 끝날 줄은 누구도 몰랐다.

숭실중학교에서의 짧은 시간

떠난 사람보다도 남은 사람이 더 고민스러운 법이다. 그것은 윤동주와 문익환을 두고 하는 말이다. 훌쩍 어른이 되어버린 친구 몽규를 생각하며, 그들 또한 결단을 내려야 했다. 결국 두 사람은 간도를 떠나 평양으로 가기로 결심했다. 그것은 평양의 숭실중학교에 가서 보다 본격적인 공부를 하는 것이었다.

먼저 숭실중학교에 입학한 사람은 문익환이었다. 이때 왜 윤동주가 문익환과 함께 가지 못했는지에 대해서는 의견이 엇갈린다.

윤동주의 연보를 작성한 동생 윤일주는 "9월 1일, 은진중학교 4학년 1학기를 마친 윤동주는 평양 숭실중학교 3학년 2학기에 편입하다."라고 적고는, 4학년생이 3학년으로 가게

1930년대 은진중학교 시절 친구들과 함께한 윤동주와 문익환.
뒷줄 중앙이 문익환, 오른쪽이 윤동주

된 것을 "만주 학제와의 차이로 1년 늦다."라고 설명하였다. 그러나 숭실중학교 4학년에는 한 학기 전에 입학한 문익환이 있었다.

이는 아무래도 윤동주가 편입 시험에서 뭔가 잘못된 것으로 볼 수밖에 없다. 3월 편입을 시도했으나, 문익환이 성공한 반면 윤동주는 실패하고, 한 학기가 지난 다음 다시 도전하여 뜻을 이룬 것이다. 그러나 그것은 한 학년을 더 다녀야 하는 반쪽의 성공이었다.

평양은 멀었다. 윤동주가 살던 용정에서 평양까지 가자면 서울을 거쳐야 한다. 그러니까 함경도 함흥을 지나 원산에 이르고, 거기서 경원선을 타고 서울에 도착한 다음, 다시 경의선으로 갈아타고 평양으로 향해야 한다. 만만한 거리가 아니었다.

그렇다면 서울을 두고 왜 굳이 평양을 택했을까? 학교는 서울에 더 많았는데 말이다.

나는 이 글을 쓰면서 문익환 목사의 부인 박용길 여사에게 이런 취지의 질문을 한 적이 있다. 아마도 기독교 분위기에서 자란 그들이 같은 분위기의 평양과 숭실중학교를 선택한 것이 아니겠느냐는 답변이었다. 일편 그럴듯했다. 평양은 '한국의 예루살렘'이라 불릴 만큼, 기독교인들에게는 성지와 같은 곳이다. 그리고 고향을 북쪽 지방에 두고 있는 사람들에게는 아무래도 서울보다 평양이 더 친근했을 것이다.

평양에서 윤동주의 생활은 그다지 자세하지 않다. 따지고 보면 이곳에서의 생활은 단 한 학기에 지나지 않았다.

그럼에도 불구하고, 고향을 떠나 먼 이역에서 보낸 첫 경험이 그에게 간단치만은 않았으리라. 특히 시 습작은 새로운 단계를 맞게 된다. 평양은 고향에서 친구들과 어울려 지내던 좁은 무대가 아니었다. 비록 학교 안의 활동이었지만, 각지에서 모여든 친구들은 세상을 넓게 보게 했고, 자연스레 그들로부터 받았던 자극도 컸던 듯하다.

10월에는 숭실중학교 YMCA 문예부에서 내던 《숭실활천(崇實活泉)》 제15호에 시 〈공상(空想)〉을 발표하였다. 이 작품은 현재까지 찾을 수 있는 인쇄된 최초의 작품이다.

공상(空想)

내 마음의 탑(塔)

나는 말없이 이 탑(塔)을 쌓고 있다

명예(名譽)와 허영(虛榮)의 천공(天空)에다

무너질 줄도 모르고

한 층 두 층 높이 쌓는다

시의 첫 연이다. 특별한 시적 꾸밈이 보이지 않는, 아직은 서투른 솜씨이지만, 그는 나름대로 이 시에다 애정을 듬뿍 들였다. 지금 이 페이지만을 오려 놓은 유품이 전해지는데, '천공어다'라고 오자가 난 부분을 '천공에다'라고 고쳐 놓았는가 하면, 두 번째 연의 마지막 줄에 나오는 '금전 지식의'를 '황금 지욕(知慾)의'라고 바꾸어 놓았다. 무너질 줄도 모르고 쌓고 있는 지식을 한낱 공상으로 치려는 자아의식이 슬며시 드러난다.

윤동주의 숭실중학교 생활은 한 학기 만에 끝났다. 1936년에 접어들자마자 숭실중학교는 신사참배 거부 문제로 심각한 상황을 맞이하였다. 윤동주도 거기에 휘말려 평양 유학 생활을 접어야 했다.

완고하던 형

여기서 윤동주가 쓴 〈이런 날〉이라는 작품을 보기로 하자. 고향으로 돌아온 다음에 쓴 시이지만, 윤동주의 평양 생활과 그곳에서의 각성, 그리고 어느덧 훌쩍 커 버린 시적 역량을 엿볼 수 있는 작품이다.

이런 날

사이좋은 정문(正門)의 두 돌기둥 끝에서
오색기(五色旗)와, 태양기(太陽旗)가 춤을 추는 날,
금(線)을 그은 지역(地域)의 아이들이 즐거워하다.

아이들에게 하루의 건조(乾燥)한 학과(學課)로,
해ㅅ말간 권태(勸怠)가 깃들고,
〈모순(矛盾)〉 두 자를 이해(理解)치 못하도록
머리가 단순(單純)하였구나.

이런 날에는
잃어버린 완고(頑固)하던 형(兄)을
부르고 싶다.

1936. 6. 10.

이 시는 윤동주가 마련한 첫 번째 습작 노트인 《나의 습작기의 시 아닌 시》에 실려 있다. 본디 제목은 '모순(矛盾)'이었다. 노트 앞부분 '목차'에도 그렇게 표기되어 있고, 본문에도 처음에 그렇게 썼다가 나중에 '이런 날'로 고쳐 놓았다.

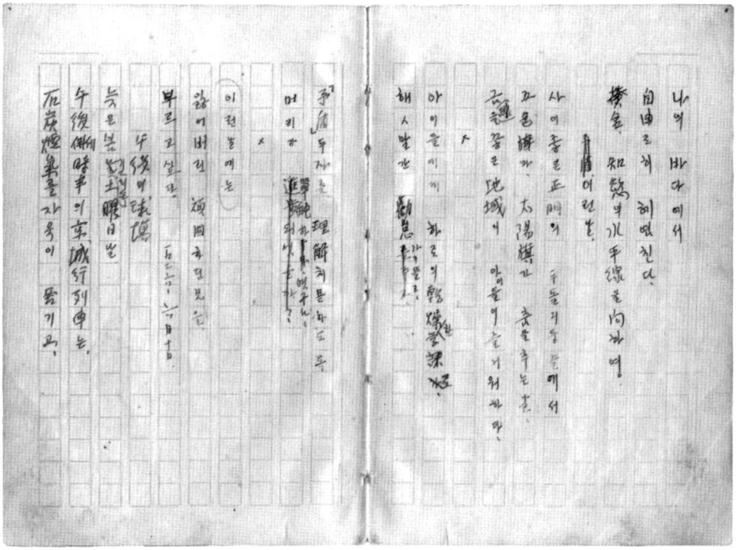

〈이런 날〉 자필 원고

2연의 둘째 줄에 '권태'라는 말이 나오는데, 무엇보다 이 단어에 먼저 주목할 필요가 있다. 물론 한자로 쓴 이 단어에서 '勸'은 '倦'이 맞을 것이다.

윤동주가 〈이런 날〉을 쓴 1936년 6월은 의미가 깊다.

1935년 9월, 윤동주는 평양의 숭실중학교에 편입학한다. 간도의 용정에서 태어나 줄곧 그곳에서만 살아왔던 그였다.

처음으로 고향을 떠나, 고국의 명문 사립학교에 입학한 기쁨은 그다지 오래가지 못했다. 일제의 신사참배 요구가 거세

지면서, 기독교 계통인 숭실중학교는 외국인 선교사 덕으로 참배하지 않고도 용케 버텨 나갔으나, 마침 윤동주가 편입한 시기와 때를 같이하여 기세가 꺾이고 말았다. 바람벽이 되어 주었던 서양 선교사들이 평양을 떠나지 않으면 안 되었기 때문이다.

1936년 봄, 신사참배를 끝까지 받아들이지 않다가 교장 윤산온(본명은 조지 맥퀸 George McCune)이 평양을 떠나 자기 나라로 돌아가야 했다. 그러자 그를 사랑했던 학생들이 들고 일어났다. 동맹 퇴학이 그것이다.

퇴학자 명단에는 윤동주를 비롯한, 그와 용정에서 함께 온 문익환도 들어 있었다. 문익환에 대해서야 더 설명이 필요하지 않다. 그런데 늘 같이 붙어 다니던 짝꿍 송몽규는 함께 하지 않았다.

다시 송몽규는 누구인가. 윤동주에게는 고종 사촌 간이요, 용정의 같은 집에서 태어나, 후쿠오카의 형무소에서 함께 생을 마감한 이다. 삶과 죽음을 나란히 했던 비극적인 이 두 사람. 앞서 밝힌 대로 이때 송몽규는 중국 땅을 헤매고 있었다.

파란만장한 생에 있어서 송몽규는 윤동주보다 더하다. 1936년 4월, 숭실중학교를 퇴학하고 고향으로 돌아온 윤동주와 문익환이 그곳의 광명중학교에 편입학한 데 비해, 송몽규는 일경에 체포되어 함북 웅기 경찰서로 압송되었다. 그는 거기서 9월까지 모진 고문 속에 고초를 당한다.

윤동주가 〈이런 날〉을 쓴 시점이 바로 이때였다.

사이좋은 정문(正門)의 두 돌기둥 끝에서
오색기(五色旗)와, 태양기(太陽旗)가 춤을 추는 날,
금(線)을 그은 지역(地域)의 아이들이 즐거워하다,

시는 이렇게 시작한다. 오색기는 만주국, 태양기는 일본의 국기이다. 운동회라도 벌어진 모양이다. 남의 나라 국기가 휘날리는 운동장에서, 그 깃발과 상관없는 나라 출신의 아이들이 즐거워하다니. 윤동주는 이 한 장면으로 심히 수상스러운 시대를 조소하듯 그리고 있다. 그러니 그들을 향하여, "〈모순(矛盾)〉 두 자를 이해(理解)치 못하도록/머리가 단순(單純)하였구나"라고 탄식한다.

윤동주가 생각한 모순의 정체는 무엇이었을까. 신사참배를 거부하고 돌아온 고향 땅, 혈육의 한 형제는 모진 고문의 학대 속에 놓여 있으나, 일제의 꼭두각시 나라 만주국의 한 켠에서는 그들의 깃발 아래 즐거워하는 아이들이 있다. 이것이야말로 모순이고 이율배반 아닌가. 어찌 어린아이들에게 시대의 고통을 명민하게 보길 바라겠는가마는. 시의 마지막 연은 탄식 끝에 이렇게 맺어진다.

이런 날에는
잃어버린 완고(頑固)하던 형(兄)을
부르고 싶다.

그가 부르고자 한 '완고하던 형'이 누구인가를 두고 여러 설명이 겹쳐 있다. 구체적으로 송몽규를 지칭한다는 데서부터, 이민족의 침탈 앞에 하릴없이 힘을 빼앗긴 나라라는 데까지.

시가 지어지는 일반적인 원리를 생각한다면 그 모든 것을 함축하고 있으리라.

해방 60년을 맞는 2005년은 윤동주 서거 60주년이기도 하였다. 2월 16일이 그의 기일(忌日)이다. 연세대학교의 교정에 있는 윤동주의 시비 앞에는, 매년 이맘때, 졸업식을 마친 학생들이 두고 간 꽃다발로 산을 이룬다. 2005년의 졸업식은 윤동주의 기일이 며칠 지난 2월 마지막 월요일이었다. 근래에 들어 꽃다발의 수효가 예전만 못하더니, 60주기라는 특별한 감회가 덧붙여졌는데 이번에도 상황은 마찬가지였다.

역사에 대한 무관심일까. 요즈음 학생들에게 윤동주의 존재가 무력해져서일까.

한편 독립기념관에서 2005년의 삼일절을 맞아 사진전을 열었다. '북간도 명동촌, 그 삶과 독립운동' 특별전이다.

거기 전시된 사진에는 윤동주의 장례식 장면이 있다. 침통한 표정의 얼굴들이 영정 사진을 가운데 두고 카메라 앞에 섰다. 조국이 해방되기 불과 6개월 전, 비록 사랑하는 이를 잃었으나, 언제까지나 이 슬픔과 노여움을 잊지 않겠다는 형형한 눈빛들이다.

윤동주가 노래한 '완고하던 형'은 바로 그들이었을까?

다시 돌아온 고향

윤동주는 1936년 3월 고향 용정으로 돌아와 5년제인 광명학원 중학부 4학년에 편입하였다. 문익환은 같은 학교 5학년에 편입하였다. 씁쓸한 귀향이었다. 신사참배 거부라는, 옳은 일을 위해 결단을 내렸으나, 그 같은 결단을 내린다는 것 자체가 비극이었다.

그 무렵 중국의 난징과 지난의 독립운동 단체에 가 있던 송몽규가 체포되었다. 고향으로 압송되어 4월에서 8월까지 조사를 받았다. 본적지인 웅기 경찰서에서였다. 송몽규는 그 뒤 요시찰인으로 계속 일본 경찰의 주목을 받으면서, 동주 그리고 익환과는 다르게 대성중학교에 편입하였다.

세 사람이 그렇게 다시 학교에 다니게 된 것만은 다행이었는지 모른다. 한 사람은 중국 땅을 돌아다니며 거친 세월을 경험하고 왔고, 다른 두 사람은 평양에서 또 다른 좌절을 맛보고 돌아왔다. 이렇듯 그들이 본 세상은 결코 만만한 것이 아니었다.

그러나 윤동주에게 평양 생활이 전혀 소득이 없지는 않았다. 비록 짧은 시간이었지만, 거기서 정지용(鄭芝溶)이라는 시인과의 만남은 그의 생애에 무척 뜻깊은 사건이었다.

물론 정지용과의 만남은 실제 만남이 아니라 그의 시, 좀 더 구체적으로는 정지용 시집과의 만남이었다. 지금 남은 윤동주의 유품 가운데 정지용의 시집이 있다. 1936년 3월 19일에 샀다는 서명과 함께. 이 날짜는 시집을 산 시점이겠지만, 정작 그의 시와의 만남은 좀 더 거슬러 올라가 보는 게 맞을 터이다. 시집이 나온 것은 1935년 10월, 가을과 겨울을 평양에서 보내고 돌아오며, 봄볕이 여물어 가는 어느 서점에선가 그는 정지용의 시집을 샀으리라.

정지용과 《정지용 시집》

정지용이 누구인가. 김억과 김소월, 그리고 한용운으로 이어지던 한국의 현대 시단에 현대시다운 현대시를 처음으로 썼다고 일컬어지는 사람이다. 동주는 그의 시와 만나면서 시가 무엇인가를 직감적으로 느꼈던 듯하다. 앞서 소개한 〈이런 날〉은 이런 데에서 영향받은 윤동주의 시적 성취가 한눈에 보이는 작품이다.

윤동주는 이 무렵 동시에 대해 깊은 관심을 나타낸다. 자신의 시적인 생애를 동시에서 출발하여 어떤 궁극의 성취에

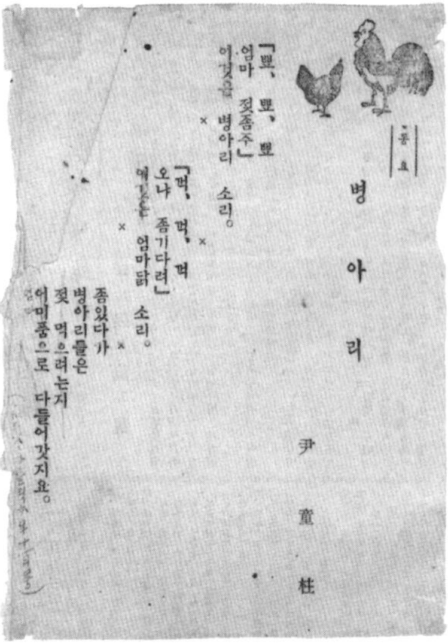
동요

병아리

尹童柱

「뾰, 뾰, 뾰
엄마 젖좀주」
병아리 소리。

「꺽, 꺽, 꺽
오냐 좀기다려」
엄마닭 소리。

좀있다가
병아리들은
젖 먹으려는지
어미품으로 다들어갓지요。

〈병아리〉(《가톨릭 소년》, 1936년 11월호)

이르려는 목적이었던 것 같다.

먼저, 간도의 연길에서 간행하던 《카톨릭 소년》이라는 잡지에 동시 〈병아리〉(11월호), 〈빗자루〉(12월호)를 윤동주(尹童柱)라는 필명으로 발표하였다. 물론 이는 그가 학생 작품으로 투고한 것이었다. 그러면서 일본에서 나온 세계문학 전집과 한국인 작가의 소설과 시를 탐독하였다. 그가 동시 다음에 이르려는 세계가 어디였는지 알게 하는 대목이다.

이 무렵 윤동주가 용정의 그의 외가에 와 있던 동요 시인 강소천을 만났다는 증언이 있다. 그래서였을까, 동시에 대한 관심은 이후로도 지속된다.

1937년에도 《카톨릭 소년》에 동시 〈오줌싸개 지도〉(1월호), 〈무얼 먹고 사나〉(3월호)를 앞서서처럼 윤동주(尹童柱)라는 이름으로, 〈거짓부리〉(10월호)를 이번에는 윤동주(尹童舟)라는 이름으로 각기 발표하였다. 굳이 '아이 동(童)' 자를 넣어 필명을 쓴 데에는, 이것이 동시임을 나타내는 표시이면서, 아직은 어린 자신의 수준을 겸손해했던 것이었을까?

어쨌든 윤동주는 《카톨릭 소년》에 모두 다섯 편의 동시를 발표하고 있다. 앞에 네 번을 윤동주(尹童柱)라는 이름으로, 마지막에는 윤동주(尹童舟)라는 이름이었다. 그 가운데서 우리는 〈오줌싸개 지도(地圖)〉라는 작품을 주목하게 된다.

오줌싸개 지도

빨래 줄에 걸어 논
요에다 그린 지도는
지난밤에 내 동생
오줌 싸서 그린 지도.

꿈에 가 본 엄마 계신,
별나라 지돈가,
돈 벌러 간 아빠 계신
만주 땅 지돈가.

이 작품에는 윤동주 개인의 체험 일부와 그렇지 않은 다른 부분이 섞여 있다. 그는 만주 땅에 살면서 그 땅에서 벌어지는 여러 일들을 보았다. 멀리 거슬러 올라가 보면 그의 집안 또한 만주 땅에 돈 벌러 온 조상으로부터 시작한다. 그러나 1930년대 이후 만주 땅을 찾아 밀려드는 고국의 사람들을 보노라면, 그들은 멀리 고향에 식구를 두고 떠나온 어떤 아빠들일 것이다. 시에서 윤동주는 그 같은 현실을 있는 그대로 그리고 있다. 그러므로 이것은 그 자신이나 식구의 이야기가 아니다.

남의 이야기와 내 이야기가 겹쳐 있는 가장 극적인 대목은 '꿈에 가 본 엄마'일 것이다. 그곳이 '별나라'라고 했으니, 이는 시 속에서 오줌을 싼 주인공이 엄마를 하늘나라에 보낸 처지임을 암시한다. 그렇다면 주인공은 분명 윤동주 자신은 아니다. 그러나 바로 얼마 전 윤동주는 평양 생활을 체험하고 왔다. 어머니를 멀리 떠난 첫 경험이었다. 비록 고향에 어머니가 살아 계신다 해도, 그렇게 멀리 떠나 살며 새삼 그리움을 깊이 체험했을 것이며, 이를 통해 정말로 어머니를 잃은 이의 허전한 심정을 마음속에 새겨볼 수 있었을 것이다.

엄마를 잃고 아빠를 멀리 떠나보낸 어린 주인공은 오줌을 싸고 있다. 외로움과 그리움이 겹쳐지는 속마음이 꿈으로 나타나고, 속절없이 오줌을 쌀 뿐이다. 한 어린 영혼에 대한 간절한 정서적 공감, 이것이야말로 윤동주 시의 바탕을 이룬다.

나무 같은 세월, 나무 같은 인생

윤동주의 아버지는 용정에서 인쇄소에 이어 포목상을 경영해 보기도 하였다. 그러다 본디 선비 기질을 가진 그가 장사에 수완을 나타낼 리 없었다. 살림은 명동촌에서 살 때보다 확연히 쪼들렸다.

그러는 사이 윤동주는 어느덧 스무 살을 넘어가고 있었다. 1930년대로 보아서는 결코 적은 나이가 아니었다. 이미 결혼을 한 친구들도 있었다.

인생의 모진 결단을 해야 하는 나이, 그때에 윤동주에게는 시와 문학에 대한 간절한 염원이 깊어져만 갔다.

지금 우리가 볼 수 있는 자료 중에는 윤동주가 신문이나 잡지에서 감명 깊게 읽은 작품을 오려 놓은 스크랩북이 있다.

거기에는 한창 선풍을 불러일으키고 있던 이상(李箱)의 작품도 들어 있다. 이 괴팍한 시인에 대해서 윤동주는 상당한 호기심을 가지고 있었던 듯하다. 그뿐만이 아니었다. 서울에서 100부 한정판으로 발행된 백석(白石)의 시집 《사슴》을 어떻게 구했는지 손으로 베껴 썼다. 평안북도 정주 출신으로, 윤동주보다 다섯 살 많은 백석은 일본 유학을 다녀와 1935년 조선일보에 〈정주성〉이라는 작품으로 문단에 얼굴을 내밀더니, 이듬해인 1936년 이 시집을 출판하여 단숨에 선풍을 일으켰다. 백석의 시집을 손으로 베껴 쓴 그때는 윤동주가 광명중학교 졸업을 앞둔 1937년 8월이었다.

그렇게 정독한 시집에는 김영랑의 《영랑 시집》도 들어 있다. 윤동주는 구할 수 있는 시집을 다양하게 얻어, 빨간 색연필로 밑줄을 그어 가며 읽어 나갔다.

문제는 진로였다. 광명중학교 졸업반인 5학년 2학기가 되면서 상급 학교 진학 문제로 문학을 희망하는 윤동주와 의학을 택하라는 아버지와의 대립이 심해졌다. 문학에 대한 열망은 이미 그에게 숙명적이었다. 본디 선비 스타일이었던 그의 아버지로서도 이를 마다할 리 없었다. 그러나 여러 동생을 둔 장남으로서 윤동주에게는 날로 기울어 가는 집안 형편을 돌아보고 생활을 책임져야 할 의무도 있었다. 아버지는 현실을 보자는 뜻이었겠다.

윤동주의 본디 고향 함경도 종성 사람들의 억척스런 생활력은 잘 알려져 있다. 생활력은 그만큼 현실적이었다는 말과 통한다.

광명중학교 시절의 습작 노트인 《나의 습작기의 시 아닌 시》에는 뒤표지 안쪽에 메모 같은 시 한 편이 적혀 있다. 제목은 〈나무〉이다.

나무가 춤을 추면
바람이 불고
나무가 잠잠하면
바람도 자오.

다분히 그리스 궤변론자들이 했을 법한 말의 패러디이다. 바람이 불어 나무가 흔들리는 것이 아니라, 나무가 흔들어 바람이 이는 것이라 했던가. 그러나 거기에는 무엇이 행동의 주체가 되는가에 대한 명확한 의지가 담겨 있다. 나는 나무이다. 나무는 바람을 일으키기도 하고 잠잠하게도 한다. 동주는 그런 나무 같은 존재가 되고자 했음이 분명하다.

그런데 세월이 흐른 뒤, 동주가 드디어 서울로 와서 연희전문학교를 다닐 때, 그는 나무에 대해 다시 성찰한다. 그리고 다음과 같이 쓰고 있다.

나무가 있다. (중략) 나는 처음 그를 퍽 불행한 존재로 가소롭게 여겼다. 그의 앞에 설 때 슬퍼지고 측은한 마음이 앞을 가리곤 하였다. 만은 오늘 돌이켜 생각건대 나무처럼 행복한 생물은 다시 없을 듯하다. 굳음에는 이루 비길 데 없는 바위에도 그리 탐탁치는 못할망정 자양분이 있다 하거늘, 어디로 간들 생의 뿌리를 박지 못하며, 어디로 간들 생활의 불평이 있을쏘냐. 칙칙하면 솔솔 바람이 불어오고, 심심하면 새가 와서 노래를 부르다 가고, 촐촐하면 한 줄기 비가 오고, 밤이면 수많은 별들과 오순도순 이야기할 수 있고 보다 나무는 행동의 방향이란 거추장스런 과제에 봉착하지 않고, 인위적으로든 우연으로서든 탄생시켜 준 자리를 지켜 무궁무진한 영양소를 흡취하고, 영롱한 햇빛을 받아들여 손쉽게 생활을 영위하고, 오로지 하늘만 바라고 뻗어질 수 있는 것이 무엇보다 행복스럽지 않으냐.

〈별똥 떨어진 데〉에서

나무의 의지가 어떻고 하며 생각한 지난날이 가소롭게 여겨졌던 것일까. 그 자리에 그냥 있으면서도 묵묵히 자신을 지키는 존재로서 나무를 다시 발견하였다. '오로지 하늘만 바라고 뻗어질 수 있는' 존재가 또 나무인 것이다. 자신 또한 그렇게 한곳에 뿌리를 내리고, 하늘을 향해 손을 벌리고 싶었다. 그는 그럴 수 있는 방법이 오로지 문학에 있다고 확신했다.

동주의 할아버지 윤하현은 아들을 설득한다. 손자가 하고 싶어 하는 공부를 하도록 지켜보자는 것이었다. 아버지가 양보를 하자 동주는 결국 문과를 택하게 되었다.

[illegible] 街路燈 꺼지지 않는 것은 무슨 象徵일까?
사랑하는 동무 朴이여! 그리고 金이여! 자네들은 지금 어디 있는가? 끝없이 안개가 흐르는데,
「새로운 날 아츰 우리 다시 情답게 손목을 잡어 보세」 몇字 적어 포스트 속에 떨어트리고,
밤을 새워 기다리면 金徽章에 金단추를 삐였고 巨人처럼 찬란히 나타나는 配達夫,
아츰과 함께 즐거운 來臨,
이 밤을 하염없이 안개가 흐른다。

五月十二日.

쉽게 씌어진 詩

窓밖에 밤비가 속살거려 六疊房은 남의 나라,

詩人이란 슬픈 天命인줄 알면서도 한줄 詩를 적어 볼가,

땀내와 사랑내 포그니 품긴 보내주신 學費封套를 받어 大學노-트를 끼고
늙은 敎授의 講義 들으러 간다。

생각해 보면 어린때 동무를 하나, 둘, 죄다 잃어 버리고

나는 무얼 바라 나는 다만, 홀로 沈澱하는것일가?

人生은 살기 어렵다는데 詩가 이렇게 쉽게 씌어지는 것은 부끄러운 일이다.

六疊房은 남의 나라, 窓밖에 밤비가 속살거리는데,

등불을 밝혀 어둠을 조금 내몰고, 時代처럼 올 아츰을 기다리는 最後의 나,

나는 나에게 적은 손을 내밀어 눈물과 慰安으로 잡는 最初의 握手.

一九四二. 六. 三.

봄.

봄이 血管 속에 시내처럼 흘러
돌, 돌, 시내 가차운 언덕에
개나리, 진달래, 노-란 배추꽃

三冬을 참어온 나는
풀포기처럼 피여난다.

즐거운 종달새야
어느 이랑에서나 즐거웁게 솟처라

푸르른 하늘은
아른, 아른, 높기도 한데……

서울 연희전문학교

〈새로운 길〉

〈사랑의 전당〉

연희전문 38학번, 스물두 살의 늦은 입학

1938년 2월 17일 윤동주는 광명중학교 5학년을 졸업하고, 드디어 4월 9일 서울의 연희전문학교 문과에 입학하였다. 이때 대성중학교 4학년을 졸업한 송몽규도 함께한다.

연희전문은 어떤 학교였는가. 19세기 말, 이 땅에 서구의 문명이 몰려왔을 때, 아마도 가장 대표적인 서구 문명은 학교와 병원이었을 것이다. 연희전문은 그 같은 분위기를 설명하는 가장 대표적인 학교이다.

이전에도 이 땅에 학교와 병원이 없었던 것은 아니다. 성균관 같은, 지금으로 쳐서 대학이라 부를 교육기관이 있었다. 그뿐만이 아니었다. 어린아이들이 서당에 가서 기초적인 교육을 받는 단계에서 중고등학교에 해당할 학당이나 향교가 있었다. 학당은 서울에 네 군데 설치되어 있었다. 그래서 사부학당이라 부른다. 지방에는 향교가 있었다. 서당 출신들이 본격적인 학문 연마를 위해 가는 곳이다. 여기만 마쳐도 관리로 나가는 과거 시험을 볼 수 있는 기회가 주어졌다. 그러나 보다 더 높은 급의 학문 연마와 과거의 최종 시험을 보자면 최종 학교요 대학인 성균관에 들어갔다. 이렇듯 매우 치밀한 학교 제도를 가지고 있었다.

병원도 마찬가지였다. 이제는 한의원 또는 한방병원이라 부르는 병원은 전국에 설치되어 있었고, 여기서 일할 전문적인 의사를 양성하기 위한 교육 제도가 갖추어진 가운데 과거 시험도 치러지고 있었다. 의사뿐만 아니라 간호사를 양성하는 기구가 별도로 설치되어 있었다.

그러나 이것들은 어디까지나 동양적인 의술이요 학교였다. 바야흐로 새로운 시대가 오고 있었다. 서양 의학과 서양 학문을 배워야 하는 시대였던 것이다.

이 두 가지를 들고 들어온 이들은 서양의 선교사였다. 그들은 학교를 지어 가르치고 병원을 만들어 병든 사람을 고쳤다. 그들의 새로운 방법론은 금방 사람들의 눈에 띄었다. 물론 그것이 선교의 효과적인 수단이었음은 두말할 나위 없다.

그 가운데 한 사람, 호레이스 H. 언더우드가 서울에 도착한 것은 1885년이었다. 스물다섯 살의 이 청년은 막 만들어진 서양식 병원학교 광혜원에서 화학과 물리학을 가르쳤다. 광혜원은 얼마 뒤 세브란스 의학전문학교가 되었다.

그리고 30년 뒤인 1915년, 언더우드는 사촌형 존 언더우드로부터 거금을 희사받아 연희전문학교를 설립한다. 그에 앞서 중등 과정인 경신학교를 만들기도 했으며, 아예 연희전문을 대학까지 발전시켜 세브란스 의전과는 별도로 문과·

연희전문학교 재학 시절의 윤동주

상과 등의 전공을 가르치기 시작했고, 이 밑 모를 투자에 힘을 다했다. 연희전문을 설립한 이듬해인 1916년, 그는 이 학교의 후원금을 모으러 미국으로 갔으나, 이미 몸에는 큰 병이 번져 있었고, 결국 그 때문에 숨을 거두었다.

언더우드가 서울에 도착하고 몇 년 뒤에 쓴 것으로 보이는 기도문이 한 장 남아 있다. 기도문은 '지금은 아무것도 보이지 않습니다. 메마르고 가난한 땅'이라 시작한다. 그의 눈에는 '어둠과 가난과 인습에 묶여 있는 조선 사람'밖에 보이지 않았다. 그의 다음과 같은 고백은 차라리 냉정한 당시 조선에 대한 관찰이었다.

> 조선 남자들의 속셈이 보이지 않습니다. 이 나라 조정의 내심도 보이지 않습니다. 조선의 마음이 보이지 않습니다. 그리고 저희가 해야 할 일이 보이지 않습니다.

누가 오라고 한 것도 아니니, 열악한 환경을 탓할 곳도 마땅치 않을 터에, 언더우드는 조선의 마음을 찾으려 자신의 생애를 걸었다. 그에게 생긴 병은 과로와 스트레스 때문에 얻은 암이 아니었든가 추정되고 있다. 학교를 만들고 유지하는 일에 협조는커녕 모함과 사기가 더 심했던 모양이다. 기도문의 마지막 부분에는 그것을 암시하는 구절과, 그럼에도 불구하고 '메마르고 가난한 땅'을 향한 애정이 드러나는 구절이 있다.

> 지금은 우리가 서양 귀신, 양귀자(洋鬼子)라고 손가락질을 받고 있사오나, 저희들이 우리 영혼과 하나인 것을 깨닫고, 눈물로 기뻐할 날이 있음을 믿나이다.

광혜원과 연희전문은 지금 연세대학교의 뿌리가 된다. 분명 '눈물로 기뻐할' 만큼 큰 학교가 되어 있다.

기독교적인 분위기에서 자라난 윤동주가 연희전문에 입학한 것은 어쩌면 숙원이었는지 모른다. 할아버지가 문과 입학을 허락한 것도 거기가 연희전문이었기에 가능하지 않았을까 한다. 하지만 훌쩍 스물두 살을 맞은 나이의 학생, 비록 그 무렵에는 이렇듯 나이 든 학생이 드물지 않았으나, 결코 적지 않은 나이의 신입생이었다. 그럼에도 불구하고 그의 문학과 학문을 향한 열정은 새롭게 솟아나고 있었다.

연희전문 38학번. 윤동주의 대학 생활은 그렇게 시작되었다.

새로운 길

윤동주는 1학년과 3학년 때 기숙사 생활을 했다. 조선 시대에는 연희궁이 있던 자리이고, 서울의 서쪽 무악산에서 타고 내려오는 산세가 무척 훌륭한 숲속에 학교는 자리 잡고 있었다. 교사로 쓰이는 석조 건물이 한가운데에 디귿 자 형태로 세 채 벌려 있고, 이 건물군의 왼쪽 언덕으로 기숙사가 서 있었다. '핀슨홀'이라는 이름의 아담한 석조 이층 건물이다. 윤동주는 이층 맨 오른쪽 방에 짐을 풀었다.

지금 이 방은 '윤동주 기념관'으로 바뀌었다. 이 방에서 창문을 통해 내려다보면, 1968년 이 학교 후배들이 세운 윤동주 시비가 오롯이 서 있다.

연희전문에서 윤동주는 많은 사람들을 만난다. 고향 용정에서는 생각할 수 없는 인물들이었다.

먼저 외솔 최현배 선생. 누구라도 알고 있을 이 나라 국문법의 대가이다. 그때 최현배는 흥업구락부 사건으로 교수직을 박탈당하고, 도서관 촉탁이라는 이름으로 학생을 가르치고 있었다. 그나마 외국인 선교사가 하는 학교였기에 가능한 임시방편의 인사 조치였다. 윤동주는 1학년 때 바로 최현배 선생에게서 조선어를 배웠다.

그리고 이양하 선생. 우리나라에서 처음으로 본격적인 영어 사전을 만들었고, 〈신록예찬〉이나 〈경이, 건이〉 같은 수필로 우리에게 널리 알려진 이다. 윤동주는 이양하 선생에게서 영시를 배웠다. 나중에 졸업반 때 시집을 내려 원고 정리한 것을 보여 주기도 하였다.

그런가 하면 정인보 선생과 손진태 선생이 있었다. 한국의 역사를 한국의 역사답게 가르쳐 주었던 정인보 선생, 한국 민속학의 개척자요 철저한 민족주의자였던 손진태 선생.

용정 시골에서 온 윤동주를 덜 외롭게 했던 사람은 3학년에 재학 중인 박창해였다. 그는 윤동주의 고향 은진중학교를 졸업한 선배였다. 나중에 이름난 국어 학자가 되어, 해방 후에는 모교인 연희대학(연희전문이 연희대학으로 이름을 바꾼다. 그러다 1959년 세브란스 의과대학과 합쳐 오늘날의 연세대학교가 되었다.)에서 학생들을 가르쳤다.

윤동주는 이런 선생과 선배를 통해, 알게 모르게 한국어·한국사의 정신에 빠져 들어갈 수 있었고, 서양의 새로운 문학적 흐름을 익힐 수도 있었다. 윤동주가 꿈에도 그려 마지

않던 소망이 현실로 나타났다고 해야겠다.

그 같은 새로운 희망이 가득 찼기 때문이었을까. 입학하고 한 달 남짓 뒤에 쓴 다음과 같은 시는 '38학번 새내기' 윤동주의 느낌을 고스란히 전달하고 있다.

새로운 길

내를 건너서 숲으로
고개를 넘어서 마을로

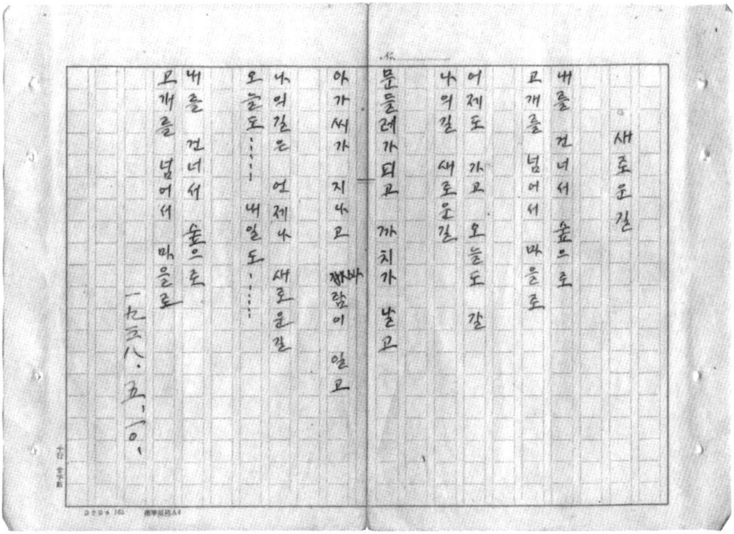
새로운 길
내를 건너서 숲으로
고개를 넘어서 마을로
어제도 가고 오늘도 갈
나의 길 새로운 길
문들레가 피고 까치가 날고
아가씨가 지나고 바람이 일고
나의 길은 언제나 새로운 길
오늘도…… 내일도……
내를 건너서 숲으로
고개를 넘어서 마을로
一九三八. 五. 一〇.

〈새로운 길〉 자필 원고

어제도 가고 오늘도 갈
나의 길 새로운 길

민들레가 피고 까치가 날고
아가씨가 지나고 바람이 일고

나의 길은 언제나 새로운 길
오늘도…… 내일도……

내를 건너서 숲으로
고개를 넘어서 마을로

1938. 5. 10.

제목부터 '새로운 길'이다. 시는 "내를 건너 숲으로/고개를 넘어 마을로"를 첫 연과 마지막 연으로 두고, 지금 이 새로운 길을 걸어 온 것처럼 언제나 새로운 길로 나가겠다고 다짐한다.

내를 건너서 숲이고, 고개를 넘어 마을이라는 지형은 이 나라의 어디에서나 볼 수 있는 것이면서, 동시에 그가 재학 중인 연희전문을 그리고 있다고 보아도 무방하다.

연희전문 교정에는 무악산에서 시작하여 학교 건물 옆을 지나 흘러내리는 실개천이 있었다. 이 개천은 지금의 신촌 로타리를 지나 한강으로 흘러들어 간다. 신촌에서부터 실개천의 둑길을 따라 학생들은 학교로 들어갔다. 한편 서울 시내로 가자면 신촌에서 아현동으로 넘어가는 고갯길을 지났다.

윤동주에게는 새로운 길이었다. 물리적으로도 그랬고, 정신적으로도 그랬다.

그런데 그 길에는 민들레가 피어 있고, 까치가 날아다니고, 아가씨가 지나가고, 바람이 분다. 민들레·까치·아가씨·바람 같은, 용정에서 쓰던 시에서와 사뭇 다른 소재가 등장하는 것을 눈여겨보기 바란다.

특히 아가씨가 그렇다. 민들레·까치 같은 소재도 그러려니와 이제 그의 눈에는 아가씨가 보인다. 아가씨가 보이기에 바람도 이는 것이리라. 바람은 어린 시절에 썼던 시에서 나오는 바람과 느낌이 사뭇 다르다. 대학생이 된 젊은 청년에게 비로소 아가씨가 눈에 들어오고, 그 아가씨 때문에 마음 속 어디선가 바람이 이는 느낌을 즐겁게 떠올릴 수 있다.

그렇다. 드디어 동주는 서울에 와서 대학생이 된 것이다.

1930년대의 빛과 그림자

윤동주가 발을 디딘 1938년의 서울은 동양과 서양, 근대와 전근대가 함께 몸을 부비는 곳이었다. 그러나 마음에 바람이 이는 젊은 대학생이 누려야 할 낭만은 불행하게도 그나지 넉넉하지 못했다.

일제가 식민 통치를 시작한 이후, 특히 1919년의 삼일운동을 정점으로 하여, 한국의 지식인들은 일제의 사슬로부터 벗어나기가 쉽지 않음을 실감하였다. 그리하여 1920년대는 식민 통치 아래서 어떻게 살아가야 하는지 고민하는 분위기로 바뀌었다. 그러면서 겉으로 서울은 크게 발전하였다. 네온사인이 번쩍이는 거리, 전차가 활발하게 다니고, 박람회가 열리고, 백화점이 들어섰다. 1930년대에 들어서자 그 같은 분위기는 극에 달한다.

그러나 그것은 어디까지나 일부에 불과했다. 근대적인 서양 문물로 겉모습이 바뀌는 한편에는 아직 전통적인 삶의 방식이 속에 숨어 그대로 남아 있었다.

그런 가운데 일제의 관심은 서울을 떠나 중국으로 향하고 있었다. 1937년 10월에 시작하는 국민정신 총동원은, 모든 힘을 중국으로 돌려야 하는 일제가 마지막으로 조선 식민지에 대해 집안 단속을 하는 의미를 가지고 있었다.

이는 중국에서 터진 루거우차오(蘆溝橋) 사건과 연관된다. 루거우차오 사건이란 무엇인가.

루거우차오는 베이징 남서쪽 교외의 융딩강을 가로지르는 루거우교 왼쪽에 있는 소도시로, 여기에 중국군 일부가 주둔해 있었다. 1937년 7월 7일 밤, 근처에 주둔한 일본군의 일부가 이 부근에서 야간 연습을 하고 있던 중, 몇 발의 총소리가 난 뒤 사병 한 명이 행방불명되었다. 일본군은 중국군 측으로부터 사격을 받았다는 구실로 보병 연대 주력을 즉각 출동시키고 중국군을 공격하여, 다음 날인 8일에 루거우차오를 점령하였다. 11일에는 중국 측의 양보로 현지 협정을 맺어 사건이 일단 해결될 것 같았다. 그러나 일본 정부는 계속 강경한 태도를 보이면서 군대를 증파하여, 28일 베이징과 텐진에 대한 총공격을 개시하였다. 이를 계기로 전면 전쟁으로 확대되어 결국 중일전쟁이 시작되었다.

시국은 비상이었다. 조선총독부가 발행하는 《조선》이라는 잡지는 1938년 1월호 〈편집후기〉에서, 일본의 중국 침략은 '쓰레기 청소'이고, 그것은 '만방의 소화(昭和)이고, 아시아의 명랑화이고, 그것을 국면으로 중국 민중이 청명화하는 갱생'이라고 쓰고 있다. '명랑화'니 '청명화'니 하는 말이 억지스럽다.

그뿐만이 아니다. 3월호의 후기는 처음부터 끝까지 '이번의 사변', 그러니까 루거우차오 사건의 정통성을 주장하는 데 바쳤다.

그런데 여기서 우리가 주목할 바가 있다. 이 잡지가 5월호부터 소비 절약 유동에 호응하여 면수를 줄이기 시작하는 것이다. 8월호에서는 다시 한 번 3분의 1 감면을 실시하였다. 이것은 무엇을 말하는가. 당시 총독부를 포함해서 국가 기구를 움직이는 관료들이나 군부의 중추부는 만주와 중국 쪽으로 관심의 중점을 옮겼다는 것이다.

예를 들어 이런 일이 있었다. 만주철도의 조사부가 대규모 관행 조사를 시작해야 하기 때문에 사람을 모집한 것이 1940년이었다. 당시 도쿄에서 대학 강사를 하고 있던 하타다 다케시(旗田巍)는 1940년 8월 초, 북경에 가서 만철 조사부의 지소에서 일했다. 하타다는 이후 한국 역사 연구의 일본 내 최고 권위자가 된 사람이다. 그는 여기서 열 명 정도의 연구원과 함께 엄청난 자금과 자유로운 분위기를 맛볼 수 있었다고 한다. 그것은 초라한 강사 생활을 하고 있던 하타다에게는 어지간히 살맛 나게 하는 일이었다.

적어도 1938년부터 조선 곧 한국은 일제의 관심사에서 멀어지기 시작했다. 억압적인 정책으로 현상 유지만을 바랐던 것이다.

윤동주는 그런 시기에 서울에 오고 대학 생활을 시작하였다. 학교에서는 조선어 교육이 자취를 감추었다. 다만 서양 선교사들에 의해 운영되는 연희전문에서만 거의 유일하게 조선어 교육이 살아 있었다. 윤동주에게는 그것이 큰 자랑이요 위안이었다.

나중의 일이지만, 방학 때 고향에 돌아간 윤동주는 고향 후배인 장덕순에게, 연희전문의 건물마다 태극 문양이 새겨져 있고, 한글을 배운다는 사실을 힘주어 말했다. 해방 후에 서울대 국문학과 교수가 되어, 한국 문학의 연구사에 큰 업적을 남긴 장덕순은, 윤동주의 이 같은 말에 연희전문 입학을 결심했을 정도였다.

조선어에 뛰어난 학생

지금 연세대학교에 남아 있는 윤동주의 학적부를 보면 무척 중요한 사실을 하나 발견하게 된다. 조선어(한국어)에 대한 남다른 관심과 성적이다.

여러 학과목 가운데 어학 관련의 성적만 나열해 보면 다음과 같다. 먼저 1학년 때이다.

> 국어 81, 조선어 100, 한문 85, 영문법 80,
> 영어 독해 81, 영어 작문 74, 영어 회화 79

여기서 '국어'는 일본어를 가리킨다. 총독부가 정한 정책 과목이니 당연히 일본어를 가르쳤겠지만, 연희전문이 미국 선교사가 세운 학교답게 영어 관련 과목이 유난히 많은 점과 아울러, '조선어'를 당당하게 가르치고 있었음을 알 수 있다.

그런데 윤동주의 점수는 일본어가 81점인 반면, 조선어는 100점이다.

이때 조선어 담당 교수는 최현배 선생이었다. 점수가 짜기로 소문난 그였다. 철저한 원칙주의자이기도 했다. 그런 그가 100점 만점을 주고 있다. 윤동주가 이 과목에 얼마만큼 힘을 들였는가 알 수 있게 하는 대목이다.

2학년이 되었을 때 '조선어'는 사라지고 없다. 다시 어학 관련 과목만 나열해 보자.

> 국어 86, 한문 90, 영문법 50, 영어 독해 87,
> 영어 작문 90, 영어 회화 72

교과 과정에서 '조선어'는 1학년에서만 배우는 과목이었을 수 있다. 그러나 2학년에 본디 있었다 해도, 윤동주가 2학년이 되는 그해 곧 1939년에 최현배 선생은 이미 연희전문에 있지 않았다. 이른바 조선어학회 사건으로 감옥에 갇힌 몸이 되고 말았던 것이다. 아니 그가 있었다 해도, 1939년이 되어서는 총독부의 감시를 더 이상 빗겨갈 수 없었을 것이다. 그랬기 때문에 오히려 윤동주에게 1학년의 조선어 과목은 더욱 소중했다.

용정이 아닌 서울에 와서, 그것도 당대 최고의 문법 학자에게서 받은 1년간의 조선어 교육은 우리글을 배운다는 민족적 감정 이외에 실질적으로도 매우 긴요한 가르침이 되었다. 윤동주가 쓴 원고를 면밀히 관찰해 보면, 당시로서는 가장 정확한 철자법을 구사하고 있다. 아울러 그는 한자어보다는 순수한 우리말을 즐겨 썼다.

그의 자선 시집에는 들어가지 않았지만, 습작 노트에 실린 1938년 6월 11일 자의 〈비오는 밤〉이라는 시에는,

> 솨 철석! 파도 소리 문살에 부서져
> 잠 살포시 꿈이 흩어진다.

잠은 한낮 검은 고래 떼처럼 살래여,
달랠 아무런 재조도 없다.

라는 구절이 나오는데, 이야말로 그가 한글만으로 시를 쓰고자 하는 의지가 잘 드러나는 대목이다. 연희전문에 입학하여 처음으로 쓴 시 〈새로운 길〉에 이어 두 번째 작품이다.

여기서 윤동주는 밤을 바다에 비유하고 있다. 서울에서 처음 맞는 여름의 빗소리가 마치 바닷가에서 들려오는 파도치는 소리 같다. 잠들지 못하는 심정을 고래 떼에 비유하고 있는 것도 재미있다.

그런데 어떤 까닭에 이 시는 시집에 넣지 않았을까?

나머지 두 연을 보면 그 이유를 짐작해 볼 수 있다. 첫 두 연에 비한다면 삼경(三更), 염원(念願), 동경(憧憬), 강남(江南), 홍수(洪水), 향수(鄕愁) 같은 한자어를 남발하며, 시는 어느새 관념적으로 흐르고 만다. 졸업반 때 시집을 내려고 자신이 쓴 시를 가려내던 때의 윤동주의 눈에는 이 시가 절반의 성공에 지나지 않아 보였던 것이 분명하다.

다음과 같은 동시를 보면 윤동주는 우리말로 시 쓰기의 어느 단계에 이르러 있다.

까치가 울어서
산울림.
아무도 못 들은
산울림.

까치가 들었다
산울림.
저 혼자 들었다
산울림.

'1938. 5.'라고 날짜가 기록된 〈산울림〉이라는 동시이다. 물론 이 작품을 기록된 날짜에 쓴 것인지, 이전 작품을 이때 와서 옮겨 적은 것인지 확실하지 않다. 그러나 옮겨 적었더라도 웬만큼 손을 보았을 터이다. 한마디로 이 작품은 말을 어떻게 써야 하는지 하나씩 몸으로 느끼지 않고서야 이루어 낼 수 없는 수준에 이르러 있다.

그런 과정을 거쳐 가던 윤동주로서 1938년의 대학 1학년 시절은 무엇보다 자긍심과 희망에 불탔던 것 같다. 그러기에 시대가 암울한데도 불구하고, 자신의 생활만큼은 그에 아랑곳 않고 충실할 수 있었을 것이다.

한국 최초의 월간 잡지 《소년》

자신에게만이 아니었다. 연희전문 입학 초부터 그는 조선일보사에서 발행하던 《소년》이라는 잡지를 매달 동생 윤일주에게 우편으로 보냈다.

그러나 정작 아버지는 그것이 못내 걸렸던 모양이다. 본디 의과대학을 가기 바랐던 아버지로서는 아래 동생들까지 형의 영향을 받을까 봐 저어했다고 한다.

여름방학이 되자 윤동주는 설레는 마음으로 고향에 돌아간다. 숭실중학을 다니느라 떨어져 산 적이 있었지만, 그때의 귀향은 천근만근 무거운 발걸음이었다. 신사참배를 거부하고, 끝내 학교를 자퇴하여 돌아가는 길이었기 때문이다. 그러나 이번의 귀향은 얼마나 발걸음이 가벼운 즐거운 길인가.

방학 동안 고향 용정에 있는 북부 감리교회 하계 아동 성경 학교에서 아이들을 가르쳤는데, 동생들에게 태극기, 애국가, 기미년의 독립 만세, 광주학생사건 같은 이야기를 들려주었다. 서울에 가서 보고 들은 새로운 세상이 거기에 실려 있었다.

오랜만에 돌아온 고향의 산천을 천천히 산책하는 게 그의 취미였다. 간간이 동생을 데리고 나가기도 하였다. 동생인 윤일주의 증언에는 이런 대목이 있다.

> 그는 거의 매일같이 산길이나 들길을 걸었다. 동생들 몰래 나가서 거닐 때가 많았지만, 나를 찾아서 일부러 데리고 가는 때도 있었다. 나는 그의 손을 붙잡고 함께 거니는 것이 무엇보다 즐거웠다.

동생과의 이 산책은 나중에 고스란히 시로 나왔다. 쓰인 날짜가 '1938. 9월 15일'이라 적힌 〈아우의 인상화〉라는 작품이다. 거기에 이런 대목이 있다.

> 발걸음을 멈추어
> 살그머니 앳된 손을 잡으며
> 『늬는 자라 무엇이 되려니』

『사람이 되지』
아우의 설은 진정코 설은 대답(對答)이다.

그때 "싸늘한 달이 붉은 이마에 젖어 아우의 얼굴은 슬픈 그림"이라고, 윤동주는 시를 마무리 짓는다. 그에게 무엇이 그토록 슬픈 그림처럼 다가왔을까.

정병욱과의 만남

오늘날 윤동주를 있게 한 여러 사람 가운데 단 두 사람만 고르라면, 그 하나는 송몽규요, 다른 하나는 정병욱이다.

송몽규는 동지이자 경쟁자였다. 그들이 사촌 간이었다고는 하나, 동지요 경쟁자의 의미는 친척으로서 그것보다 더 이상이다. 윤동주는 송몽규로 인해 문학에 대해 학문에 대해 순결한 투쟁심을 가질 수 있었다. 먼저 재능을 발휘한 송몽규가 정작 문학에 대해서는 어느 정도 거리를 두었던 데 비해, 그로 인해 격발된 윤동주는 끝내 자신의 길 전부를 문학에 걸었다. 송몽규는 불교에서 말하는 문수보살과 같은 존재이다.

정병욱은 죽은 윤동주를 살려 낸 사람이다. 비록 목숨은 잃었지만, 그의 시를 살려 냈고, 그래서 그의 이름을 세상에 남게 하였다. 시의 충실한 조언자로 역할을 다했는가 하면, 윤동주가 자필로 쓴 시집을 증정하자 그것을 해방이 되기까지 자기 집 장독대에 묻어 끝까지 지켜 냈고, 윤동주의 어린 동생들이 마치 형처럼 찾아오게 했던 이가 정병욱이다. 정병욱은 불교에서 말하는 관음보살과 같은 존재이다.

문수보살은 지혜의 보살이요 계기를 마련해 주는 보살이다. 그런면에서 송몽규는 문수이다. 관음보살은 위로의 보살이요 완성의 보살이다. 그런 면에서 정병욱은 관음이다.

윤동주는 정병욱을 언제 어떻게 만났던가.

1940년 4월, 윤동주는 연희전문 3학년이 되었다. 1학년 때 기숙사 생활을 했던 윤동주는 2학년 때에는 하숙을 한다. 3학년이 되어서는 다시 기숙사로 돌아온다. 다시 살게 된 기숙사에는 전남 광양에서 왔다는 신입생 한 사람이 기다리고 있었다. 그가 바로 정병욱이었다.

신입생 가운데는 장덕순도 있었다. 그는 윤동주의 고향 후배이다. 윤동주의 열렬한 선전에 감화되어 연희전문 입학을 결심했다던 그 사람이다. 장덕순과 정병욱은 해방 후에 나란히 서울대 국문학과 교수가 되어, 우리나라 국문학 연구의 기초를 다진 사람들이다. 그들이 윤동주를 가운데 두고 교유를 시작했던 것이다.

정병욱은 무척이나 깔끔한 멋쟁이였다. 매끄럽고 단정한 논리로 쓰는 논문은 제자들의 귀감이 되었고, 판소리나 우리 전통 음악에 밝았으며, 멋지게 술을 즐길 줄 알아 풍류에서도 남달랐다. 문학 연구자로서 해방 이후 척박한 국문학계를 이끌어 갔던 풍모는 그런 데 있었고, 그것은 아무래도 그의 타고난 자질과 인품이면서, 대학 선배 윤동주에게서 은연중에 물려받은 유산이었다. 그는 윤동주의 한 면모를 이렇게 회고한 적이 있다.

> 그는 곧잘 달이 밝으면 내 방문을 두들기고 침대 위에 웅크리고 누워 있는 나를 이끌어 내었다. 연희 숲을 누비고 서강 들을 꿰뚫는 두어 시간 산책을 즐기고야 돌아오곤 했다. 그 두어 시간 동안 그는 별로 입을 여는 일이 없었다. 가끔 입을 열면 고작 "정형, 아까 읽던 책 재미있어요?" 하는 정도의 질문이었다.

지금 서울의 신촌은 온통 화려한 네온사인이 번쩍이고 불

야성으로 바뀌었지만, 1930년대 신촌의 연희와 서강은 한적한 시골이었다. 밤에는 달빛이라도 있어야 산책이 가능했으리라. 그런 달밤의 이 침묵, 그리고 저벅이는 두 사내의 발자국 소리……. 두 사람을 맺어 준 것은 침묵 속에 나눈 무언의 대화였을 것이다.

윤동주가 연희전문에 다니는 동안의 기숙사 생활의 풍경은 그가 쓴 산문 한 편에서 선명하게 드러난다. "번거롭던 사위(四圍)가 잠잠해지고 시계 소리가 또렷하나 보니 밤은 적이 깊을 대로 깊은 모양이다."라고 시작하는 〈달을 쏘다〉이다.

원고 끝에는 1학년 때인 1938년 10월에 투고하여 이듬해인 1939년 1월 조선일보에 실렸다는 메모가 보인다.

기숙사에서 밤늦도록 책을 읽다가 불을 끄고 잠자리에 들었더니, 휘영한 달빛이 창문으로 들어오는 것이었다. 연희전문 캠퍼스는 솔숲 속에 잠겨 있었다. 윤동주는 그 풍경과 기숙사의 분위기를 다음과 같이 그리고 있다.

> 나의 누추한 방이 달빛에 잠겨 아름다운 그림이 된다는 것보다도 오히려 슬픈 선창이 되는 것이다. 창살이 이마로부터 코마루, 입술 이렇게 하여 가슴에 여맨 손등에까지 어른거려 나의 마음을 간질이는 것

이다. 옆에 누운 분의 숨소리에 방은 무시무시해진 다. 아이처럼 황황해지는 가슴에 눈을 치떠서 밖을 내다보니 가을 하늘은 맑고 우거진 송림(松林)은 한 폭의 묵화(墨畵)다. 달빛은 솔가지에 쏟아져 바람인 양 솨 소리가 날 듯하다. 들리는 것은 시계 소리와 숨소리와 귀또리 울음뿐 번쩍이던 기숙사도 절간보다 더 한층 고요한 것이 아니냐?

밤이 되면 절간보다 더 고요해지는 기숙사. 전국에서 모인 인재들이 숨 가쁘게 생활하는 한낮을 지나고 나면, 동주에게는 모두 잠들어 숨소리뿐인 이 적막이 가슴에 미어져 온다. 아마도 후배인 정병욱을 불러내기로는 이런 밤이었을 것이다. 잠자리에 들었다가도 솔숲에 비추는 달빛을 이기지 못하고 밤길로 나섰을 것이다. 그 밤길에서 윤동주는 생각이 능금처럼 익어 가는 경험을 했으리라.

정병욱이 윤동주의 시를 어떻게 살렸는가는 뒤에 가서 자세히 하기로 하자. 사실은 장난기 또한 남달랐던 정병욱은 가끔 윤동주를 놀려 주곤 했다. 동주가 특히 간지럼을 잘 탄다는 사실을 알고 나서였다. 기숙사 방에서 윤동주에게 슬며시 다가와 간지럼을 태우면, 동주는 죽겠다고 엄살을 부렸

연희전문학교 시절의 윤동주와 정병욱

다. 평소의 차분하고 조용하던 윤동주가 아니었다. 정병욱은 그것이 재미있어서 장난기를 멈추지 않았다.

그러던 어느 날, 윤동주가 작심한 듯 정병욱을 불러서 아예 온몸을 내어 맡기는 것이었다. 죽기를 작심하고 참을 터이니, 어디 한번 간지럼을 태울 테면 태워 보라고.

싫다면 쫓아가며 간지럼 태우기 좋아하던 정병욱은 이게 웬 횡재냐 싶었다. 그런데 정말 아무리 간지럼을 태워도 꿈쩍하지 않았다. 급기야 얼굴이 새하얘지고 입에 거품이라도 물

듯한 지경이 되었는데, 윤동주는 입을 악물고 참는 것이었다.

우리는 후쿠오카의 형무소에서 윤동주가 구체적으로 어떤 고문을 받고 몸이 상해 죽었는지 잘 모른다. 같은 죄명으로 잡혀 들어갔던 유학생 가운데는 중간에 풀려난 사람도 있고, 형기를 다 마치고 무사히 나온 사람도 있다. 그런데 왜 윤동주는 죽었을까.

후배가 간지럼을 태우는데도 '입을 악물고 참는' 윤동주의 모습에서 어렴풋이 그 까닭을 헤아려 본다. 옳은 일이라면, 자신이 선택한 길이라면 그 의지를 굽히지 않는 성격 탓은 아니었을까. 이 대목은 뒤에 다시 한 번 생각해 보기로 한다.

윤동주가 졸업반이 되는 1941년에는 학교와 가까운 서대문구 누상동 등에서 정병욱과 함께 자취 생활을 하기도 하였다.

아침 일찍 인왕산까지 산책을 하고 나서 같이 학교에 가고, 하교한 다음에는 명동으로 나가 서점을 돌고 음악다방에 들르며 영화를 보기도 하였다. 그들로서는 꿈만 같은 문화생활이었다. 이때의 윤동주를 정병욱은 나중에 다음과 같이 회고하였다.

> 술자리에 어울리는 일은 별로 없었다. 가끔 영화관

에 들렀다가 저녁때가 늦으면 중국집에서 외식을 했는데 그때 더러는 배갈을 청하는 일이 있었다. 주기(酒氣)가 올라도 그의 언동에는 그리 두드러진 변화는 없었다. 평소보다는 약간 말이 많을 정도였다. 그러나 취중일지라도 화제가 바뀌는 일은 없었다. 그의 성격 중에서 본받을 일이 많았지마는 그중에서도 가장 본받을 장점의 하나는 결코 남을 헐뜯는 일을 입 밖에 내지 않는 일이었다.

두 사람의 만남은 운명적이었다고 해야 옳다. 만남을 통해 그들의 문학과 사상에 배경이 칠해졌으며, 그 같은 교감이 있었기에 뒷날 정병욱의 손에 의해 윤동주의 시가 살아났다.

연희전문 그리고 사랑의 전당

윤동주에게는 여자 친구가 없었을까? 아니, 애인이라 해야 옳겠다. 그런데 적어도 지금 남은 시를 통해서는 그 같은 낌새를 알아차릴 수 없다. 그가 굳이 금욕주의자라거나 연애 반대론자였던 것은 아닌 듯한데.

재학 중 윤동주는 이화여전(지금의 이화여대) 구내의 협성교회에 다니며, 케이블 목사 부인이 지도하던 영어성서반에 참석하였다. 그 무렵, 이화여전의 한 학생과 은밀한 교감을 나누는 것 같았다는 증언이 있기는 하다. 그러나 그 또한 짐작일 뿐이다.

고향에 오면 안과 의사인 당숙 윤영선의 방에서 함께 고전음악을 들었고, 여행이라곤 동급생들과 함께 논산을 거쳐 부여의 낙화암까지 다녀온 정도였다.

윤동주에게 여자는 어떤 존재였을까? 당시 한창 일기 시작한 서양식 연애 풍조를 그 또한 모를 리 없었을 것이고, 연희전문을 다니는 이 미남의 대학생에게 호감을 가진 여자가 없을 리 없었을 터인데, 오늘날 우리가 그런 점에 대해 말할 자료는 거의 없다. 그래서 다시 그의 시 한 편을 들어 본다. 윤동주가 1학년 때 쓴 작품이다.

사랑의 전당(殿堂)

순(順)아 너는 내 전(殿)에 언제 들어왔던 것이냐?
내사 언제 네 전(殿)에 들어갔던 것이냐?

우리들의 전당(殿堂)은
고풍(古風)한 풍습(風習)이 어린 사랑의 전당(殿堂)

순(順)아 암사슴처럼 수정(水晶)눈을 나려감어라.
난 사자처럼 엉크린 머리를 고르련다.

우리들의 사랑은 한낱 벙어리였다.

청춘(青春)!
성(聖)스런 촛대에 열(熱)한 불이 꺼지기 전(前).
순(順)아 너는 앞문으로 내달려라.

어둠과 바람이 우리 창(窓)에 부닥치기 전(前)
나는 영원(永遠)한 사랑을 안은 채
뒤ㅅ문(門)으로 멀리 사라지련다.

이제
네게는 삼림(森林) 속의 아늑한 호수(湖水)가 있고
내게는 준험(峻險)한 산맥(山脈)이 있다.

무슨 까닭인지 썼다가 지웠지만, 작품 끝에는 '1938. 6. 19.'라는 서명이 붙어 있다. 순서로 보자면 앞서 읽은 〈새로운 길〉 다음의 작품이다.

그런데 이 작품에서 눈에 띄는 것이 '순이'라는 여자의 이름이다. 윤동주의 시를 통틀어 '순이'라는 여성의 이름이 등장하는 작품이 이것 말고 두 편이 더 있다. 〈소년〉과 〈눈 오는 지도〉가 그것이다.

여기서 '순이'가 "직접 어떤 여성을 지칭하는 것인지는 확실치 않다. 그는 '순이'의 심상을 통해서 모든 우리나라의 여성 또는 그가 마음속에 그리고 있는 이상적인 '임', 모든 이웃과 동포를 함축적으로 상징하려 했던 것 같다."라고 말한 사람은, 윤동주 시를 연구한 마광수 교수이다. 매우 폭넓은 해석이다.

그러나 "윤동주의 작품 가운데 유일하게 연애시의 인상을 풍겨 주는 특색 있는 작품"(마광수)인 이 시에서 우리는 작품 전반을 지배하고 있는 이별의 분위기를 어떻게 보아야 할지 난감하다. 윤동주가 서울에 오자마자 실연을 당했다는 말일까. 고향 마을 용정에서 사귀던 아가씨라도 있었던 것일까.

사랑의 전당에 이들은 있었다. 그런데 헤어져야 하는 순간이 다가왔다. 수정 같은 눈을 가진 암사슴, 여자에게 앞문으로 나가라 하고, 사자 같은 자신은 뒷문으로 나가겠다 말한다. 그것도 영원한 사랑은 안은 채.

> '영원한 사랑'을 안은 채 멀리 사라지겠다는 것은, 비록 표현은 다소 진부한 것이기는 하지만, 상당히 함축성 있는 상징으로 전달된다. 더욱이 마지막 연에 가면 이 시의 성격이 단순한 연애시가 아닌 차원 높은 상징시임이 드러난다. 윤동주의 미래에는 '험준한 산맥'이 가로놓여 있다는 표현은 많은 것을 암시하고 있는 구절이다. 그에게서 '사랑'은 단순한 관계만으로서가 아니라 좀 더 높은 경지의 사랑이었다. 비록 험준한 산맥을 달려가는 고통을 겪더라도 그는 자기의 이상과 희망을 포기하지 않겠다는 뜻일 것이다.
>
> 마광수, 《윤동주 연구》에서

그렇다면 이것은 사랑이라는 틀을 빌려 자신의 인생행로를 말한 것이 된다. 연희전문학교 신입생 윤동주, 그리고 1938년의 암울해져 가는 조국의 상황, 거기서 윤동주는 모종의 결심을 하는 듯하다.

街路燈 꺼지지 않는 것은 무슨 象徵일까?
사랑하는 동무 차이여! 그리고 金이여! 자네들은 지금 어디 있는가? 끝없이 안개가 흐르는데,
「새로운 날 아침 우리 다시 情답게 손목을 잡어 보세」 몇字 적어 포스트속에 떨어트리고,
밤을 새워 기다리면 金徽章에 金단추를 삐였고 巨人처럼 찬란히 나타나는 配達夫,
아츰과 함께 즐거운 來臨, 이 밤을 하욤어빠이 안개가 흐른다。

五月十二日.

봄.

봄이 血脈속에 시내처럼 흘러
돌, 돌, 시내가차운 언덕에
개나리, 진달래, 노-란 배추꽃
三冬을 참어온 나는
풀포기처럼 피여난다。
즐거운 종달새야
어느 이랑에서나 즐거웁게 솟처라
푸른하늘은
아른, 아른, 높기도 한데……

쉽게 씌워진 詩

窓밖에 밤비가 속살거려 六疊房은 남의 나라,
詩人이란 슬픈天命인줄 알면서도 한줄 詩를 적어볼가,
땀내와 사랑내 포그니 품긴 보내주신 學費封套를 받어 大學노-트를 끼고
늙은 敎授의 講義 들으려 간다。
생각해보면 어린때 동무를 하나, 둘, 죄다 잃어버리고
나는 무얼 바라 나는 다만, 홀로 沈澱하는것일가?
人生은 살기어렵다는데 詩가 이렇게 쉽게 씨워지는 것은 부끄러운 일이다.
六疊房은 남의 나라. 窓밖에 밤비가 속살거리는데
등불을 밝혀 어둠을 조금 내몰고, 時代처럼 올 아츰을 기다리는 最後의 나,
나는 나에게 적은 손을 내밀어 눈물과 慰安으로 잡는 最初의 握手.
一九四二, 六, 三,

시 속으로 들어가다

〈자화상〉

〈서시〉

처음으로 시를 투고하다

"평생 시 한 편도 발표해 보지 못하고 무시무시한 외로움 속에 죽었고나."

이 말은 시인 정지용이 해방 후에야 발간된 윤동주의 시집에 써 준 발문(추천사에 가까운 해설)에 나온다. 시인에게 가장 큰 고통은 시가 잘 써지지 않는다는 것과, 써 놓은 시를 발표할 기회가 없다는 것이다. 두 가지가 지니는 고통의 양은 거의 같다. 평생 시인으로서 살다 간 정지용이었기에 그 같은 고통을 가장 잘 이해했겠다.

'무시무시한 외로움'—고통을 넘어 윤동주에게 다가왔을 심정을 정지용이 이렇게 쓴 데에는 한 가지 까닭이 추가된다. 일제 말기의 상황, 곧 우리말로 시를 써서 발표할 수 없는 그것이다. 그 괴로움은 다름 아닌 정지용 자신이 겪었던 일이었다. 그러므로 무엇보다 큰 울림으로 우리에게 다가온다.

그러나 정식 등단은 아닐지라도 윤동주는 중앙 일간지에 시와 산문을 발표하는 기회를 가지기는 했다.

연희전문 2학년 때인 1939년, 조선일보 학생란에 산문 〈달은 쏘다〉(1. 23), 시〈유언〉(2. 6), 〈아우의 인상화〉(10. 17)를 내놓았다. 각각 '윤동주'와 '윤 주'라는 이름이었다.

이 가운데 〈유언〉이라는 시에 적힌 '윤 주'라는 이름은 아마도 인쇄하면서 가운데 글자가 빠진 것으로 추정된다. 이에 대해서는 다음과 같은 증언이 있다.

> 〈유언〉은 1937년 10월 24일에 쓴 것. 숱한 퇴고를 거쳐 완성. 마지막에 한 줄을 추가해서 투고. 조선일보에는 오자투성이. 이름도 '윤 주'. 동주는 기사를 스크랩해서 일일이 정정해 놓고 있다.
>
> 《사진판 윤동주 자필 시고전집》에서

한편 동시 〈산울림〉을 《소년》에 윤동주란 이름으로 발표하였다. 이참에 잡지의 편집인인 동요 시인 윤석중 씨를 만나게 된다. 윤동주로서는 새로운 경험이었고, 이를 계기로 서울의 이름난 문인들을 찾아 개인적으로 시에 대해 견해를 들어 보는 경험을 쌓기 시작한다.

앞서 정지용의 경우도 1939년 가을 어느 때쯤 그의 북아현동 자택으로 찾아가 만났다는 증언이 있다. 서서히 윤동주가 시의 세계로 발을 들여놓는 모습이 그려진다.

동시가 실린 《소년》에서는 처음으로 원고료를 받기도 하는

데, 대표적인 문학잡지 《문장》이나 《인문평론》을 매달 사서 읽었다.

그러나 윤동주가 시를 써 나가는 과정을 면밀히 살펴보면, 어떤 매듭의 순간이 시간의 흐름을 타고 읽혀진다. 1939년 10월, 조선일보 지상에 발표한 〈아우의 인상화〉는 실은 그로부터 한 해 전인 1938년 9월 15일에 쓴 작품이다. 대학에 입학하여 첫 학기를 보내고 방학 중 고향에 다녀온 다음이다.

붉은 이마를 싸늘한 달이 서리여
아우의 얼굴은 슬픈 그림이다.

발걸음을 멈추어
살그머니 앳된 손을 잡으며
『늬는 자라 무엇이 되려니』

『사람이 되지』
아우의 설은 진정코 설은 대답이다.

〈아우의 인상화(印象畵)〉에서

고향에서는 무슨 일이 있었던 것일까?

앞서 소개한 그의 아우들의 증언에 따르면, 나이 차가 나는 동생들이 오랜만에 만나는 형이요 오빠인 윤동주를 한시도 가만 두지 않고 들로 산으로 돌아다니자 할 때, 그는 싫은 내색 한 번 안 하고 그대로 따랐다 한다. 〈아우의 인상화〉는 그때 바로 밑 남동생 윤일주와의 대화를 그대로 옮겨 놓은 것이다.

고향인 만주의 용정과 유학 중인 서울은 공간적으로 상당히 떨어져 있다. 비록 숭실중학교를 다니기 위해 평양에서 산 적이 있지만, 아직 어린 나이의 그때와는 비교할 수 없는 부분이 있다. 20대의 성숙한 나이에, 처음으로 고향을 떠나 삶과 가족에 대해 깊이 성찰한 끝의 윤동주는, 웬만큼 객관적인 거리에서 동생을 다시 바라보고 있다. 이어지는 4연이 그렇다.

> 슬며시 잡았던 손을 놓고
> 아우의 얼굴을 다시 들여다본다.

거기서 윤동주는 무엇을 보았을까? 아우의 얼굴에는 어떤 그림이 그려져 있었을까?

마지막 연에서 윤동주는, '아우의 얼굴은 슬픈 그림'이라 끝맺는다. 동생을 향하여 여태것 이런 발언을 한 적이 없다. 어린 시절에 쓴 동시에서는 결코 발견할 수 없는 대목이다. 그것은 동생을 바라보는 눈이면서 동시에 세상을 바라보는 눈이었다.

그만큼 그는 훌쩍 성장해 있었다.

시로서의 첫 성취 〈자화상〉

그런데 〈아우의 인상화〉를 쓰고 꼭 1년 뒤, 윤동주는 그의 습작 생활에서 득의의 작품을 한 편 내놓는다. 그것이 바로 〈자화상〉이다.

자화상(自畵像)

산모퉁이를 돌아 논가 외딴 우물을 홀로 찾아가선 가만
히 들여다봅니다.

우물 속에는 달이 밝고 구름이 흐르고 하늘이 펼치고 파

아란 바람이 불고 가을이 있습니다.

그리고 한 사나이가 있습니다.
어쩐지 그 사나이가 미워져 돌아갑니다.

돌아가다 생각하니 그 사나이가 가엾어집니다. 도로 가
들여다보니 사나이는 그대로 있습니다.

다시 그 사나이가 미워져 돌아갑니다.
돌아가다 생각하니 그 사나이가 그리워집니다.

우물 속에는 달이 밝고 구름이 흐르고 하늘이 펼치고 파
아란 바람이 불고 가을이 있고 추억(追憶)처럼 사나이가
있습니다.

1939. 9.

우리는 위의 두 작품을 다음과 같은 점에서 주목한다.

첫째로는 꼭 1년을 두고 쓰인 두 작품이라는 점인데, 전자가 타인의 모습(인상화)이라면, 후자는 자신의 모습(자화상)이라는 것이다. 세상을 바라보는 눈은 사실 자신을 깊이 바

라보는 데에서 출발한다는 깨달음이 왔다.

이 작품에 대해 마광수 교수는 다음과 같이 설명한다.

> 이 작품은 세 번 거듭되는 행위의 반복을 보여 준다. 우물 속의 사나이가 어쩐지 미워져서 돌아가고, 돌아갔다가 그 사나이가 가엾어져서 다시 우물로 가고, 또다시 미워져서 돌아가고, 이런 식의 반복이다.
>
> 우물 속에는 달·구름·하늘·바람·가을이 펼쳐져 있다. 이것은 우물이라는 작은 공간이 곧 대자연을 응축시킨 공간이 될 수도 있다는 것을 암시한다. 우물은 윤동주가 그 안으로 도피 또는 침잠하고 싶어 하는 밀실이기도 하지만, 아름답고 티 없이 맑고 깨끗한 것 자체가 될 수도 있는 것이다.
>
> 한 포기 꽃을 통해서도 우주의 신비를 느낄 수 있는 것이 시인의 감성이라고 한다면, 윤동주는 시인다운 감수성으로 우물이라는 작은 공간을 통해서 대자연과 우주를 비춰 보고 있다.
>
> 우물은 밀실·도피처 등의 단순한 원관념으로 이해될 수 없는 훨씬 복잡하고 다양한 의미를 지닌 복합적 상징이다.

다소 인용이 길어졌다. 요컨대 '아름답고 티 없이 맑고 깨끗한' 시인의 감수성으로 우물이라는 작은 공간을 통해서 대자연과 우주를 비춰 보고 있다는 것이다.

윤동주에게 이 작품은 실로 시로서 첫 성취라 할 수 있다. 그리고 그것은 윤동주 시의 본격적인 출발이기도 하다. 연희전문을 졸업할 무렵, 그가 자비를 들여 굳이 시집을 내려 했을 때, 완성된 원고의 첫 작품 또한 〈자화상〉이었다. 이것이 이 작품에 대해 주목하는 두 번째 특기할 사항이다.

윤동주가 남긴 시를 살피건대, 〈아우의 인상화〉를 쓴 1938년 9월 이후 꼭 1년 사이, 우리는 그다지 주목할 작품을 찾지 못한다. 그로서는 모진 침체의 시기가 아닐 수 없었다.

왜 이런 시기가 있었는지 구체적인 설명을 하기는 곤란하지만, 대학에 입학하여 오랫동안 해 오던 동시 스타일의 시 습작에서 벗어나 본격적인 작품을 쓰려는 즈음에, 그것이 도리어 의식과 실천 사이의 어떤 괴리를 가져오지 않았나 싶다. 다시 말해 생각에 비해 몸이 따라가지 않았다는 것이다.

그러던 그가 〈자화상〉을 쓴 것은 성인으로서 철저한 자기 성찰을 성공적으로 마쳤다는 신호일 수 있다. 그것은 바로 한 사람의 시인으로서의 출발이다. 몸과 마음이 따로 노는 시기를 지났다는 것이다. 그때 윤동주는 새로운 눈을 열었다고 보아 틀림없다.

시에서 주인공은 우물 속의 자기 모습이 미울 뿐이다. 그래서 홱 돌아가 버리는 것인데, 처음에는 가엾어서 우물로 다시 발길을 돌리고, 두 번째는 그리워서 그렇게 한다. 이 가엾음과 그리움의 사이, 여기에 윤동주가 찾은 자기 정체성이 있는 것 같다.

가여운 존재는 가엾다고만 할 수 없는 운명적인 자신이다. 그 자신은 그래서 어느덧 그리움의 대상이 되고 있다.

앞서 밝힌 바, 이 무렵 그가 〈아우의 인상화〉를 조선일보에 투고하여 발표하고, 정지용 같은 당대 최고의 시인을 직접 찾아가 뵈었다는 사실은 시사하는 바가 크다. 아마도 이 두 일은 서로 관련이 있을지도 모른다. 이제 기성 문단에 얼굴을 내밀어도 괜찮으리라는 담대한 결정을 한 것으로 보인다. 소심하고 치밀한 성격의 윤동주로서는 여간 큰 결심이 아니었을 것이다.

그런 결심을 과감히 실행하게 한 것은 역시 〈자화상〉이라는 시를 완성하고, 거기서 얻은 자신감이 밑바탕에 깔려 있었기 때문이다.

계속되는 암중모색

윤동주가 연희전문에서 공부하는 동안, 그는 당시의 젊은 학생들과 마찬가지로 유럽 문학에 대해 깊은 관심을 가지고 있었다. 3학년 때인 1940년에는 릴케, 발레리, 지드 같은 작가들의 작품을 탐독하는 한편, 프랑스어를 자습한 것으로 알려져 있다.

물론 그 무렵에 나온 우리 시인들의 작품, 예를 들어 서정주의 시집 《화사집》 같은 것을 즐겨 읽기도 했다.

그의 독서와 습작은 점점 폭을 넓혀 가는 것 같았는데, 그러나 웬일로 〈자화상〉을 쓴 이후 특히 3학년 때에는 다시 긴 침체기로 들어간다. 그러나 이 침체기는 윤동주의 내적인 문제보다는 당시 시대 상황과 관련된 어떤 분위기 때문이 아닌가 한다.

1940년이 되자 일제는 한국 통치 30주년을 맞아 보다 노골적인 황국신민화 정책을 감행한다. 그 가운데 대표적인 일이 창씨개명이다.

창씨개명은 이미 이로부터 4년 전에 수립된 총독부의 정책이었는데, '황국신민의 서사(誓詞)'를 제정하여 늘 외우게 하였는가 하면, 학교에서 한국어를 가르치는 일 자체를 억압

하거나 금지하기도 하였다. 윤동주가 연희전문에 입학하여 한국어를 배울 수 있었던 것은 그나마 외국인 선교사가 운영하는 학교이기에 가능했다. 그러다 1940년부터는 이 또한 폐지되었고, 이해 2월부터 시작된 강제적인 창씨개명 정책으로 9월에 이르러서는 8할에 가까운 사람들이 이에 따랐다.

이 무렵 윤동주에게 기독교 신앙의 회의가 오기도 했다는 지적은 새겨 둘 필요가 있다. 이미 모태에서 시작된 신앙에 그는 의심없이 의지를 해 왔던 것 같지만, 20대 초반의 이 문학청년에게 기독교는 현실과 어긋난 채 다가왔다. 그 같은 고민의 일부가 〈팔복〉〈태오의 아침〉 같은 시에 잘 나타난다.

1941년 5월에 윤동주는 정병욱과 기숙사를 나와 종로구 누상동 9번지, 소설가 김송(金松) 씨 집에서 하숙 생활을 하였다. 김송 씨와는 하숙생이 됨으로써 우연히 알게 되었다는데, 9월에 요시찰인(일본 경찰이 늘 감시하는 인물)인 김송 씨와 학생들에 대한 경찰의 주목이 심하여 그곳을 나와 북아현동의 전문적인 하숙집으로 옮긴다.

그렇다면 김송은 누구인가. 본명이 현송(玄松)인 김송은 함경도 함주 출신으로 일본에 유학하여 희곡을 공부하였다. 귀국 후 연극 운동을 활발히 전개하였는데, 1930년 신흥극장을 만들어 공연한 《지옥》이 문제가 되었다. 이는 일본 유학 체험을 살려 일제의 유치장과 형무소에 대한 적개심을 드러내는 작품이었다. 총독부의 탄압으로 공연이 중단되었고, 이로 인해 그에게는 요시찰 인물이라는 딱지가 붙은 것이다.

윤동주와 그가 얼마나 가까이 지낸 사이였는지 알 수 없다. 그러나 그의 집에서 결국 나오고 말았다는 것은 김송처럼 적극적으로 현실 문제를 다루고 비판하기에 부담을 느꼈다는 말이 될 듯하다.

사실 이때까지도 윤동주는 투쟁으로 사회 현실에 부딪치는 사람은 아니었다. 이것이 그의 고종 사촌 송몽규와 크게 다른 점이다.

이 무렵에 쓰인 〈바람이 불어〉는 저간의 모든 사정과 윤동주 내면의 갈등을 잘 보여 준다.

바람이 불어

바람이 어디로부터 불어와
어디로 불려가는 것일까.

바람이 부는데
내 괴로움에는 이유(理由)가 없다.

내 괴로움에는 이유(理由)가 없을까.

단 한 여자(女子)를 사랑한 일도 없다.
시대(時代)를 슬퍼한 일도 없다.

바람이 자꾸 부는데
내 발이 반석 우에 섰다.

강물이 자꾸 흐르는데
내 발이 언덕 우에 섰다.

1941. 6. 2

연애담 하나 남아 있지 않은 사람, 고종 사촌인 송몽규처럼 식민지 현실에 대한 구체적인 저항 기록도 없는 사람—윤동주는 그에 대해서 누구보다 스스로 부끄러움과 자격지심에 떨고 있었다.

단 한 여자(女子)를 사랑한 일도 없다.
시대(時代)를 슬퍼한 일도 없다.

그래서 이렇게 고백하고 있지 않은가. 하지만 그의 내면적 투쟁이 이렇게 패배주의적으로 끝나 버린 것은 아니었다. 그는 "내 괴로움에는 이유(理由)가 없을까" 반문하고 있다. 그의 암중모색은 계속된다.

바람이 자꾸 부는데
내 발이 반석 우에 섰다.

강물이 자꾸 흐르는데
내 발이 언덕 우에 섰다.

바람은 불고 강물은 흐른다. 그처럼 나의 고민과 모색을 그치지 않는다. 윤동주는 그렇게 말하고 있다.

1941년, 그러니까 4학년이 되어 윤동주의 습작은 아연 활기를 띤다. 이제 그는 침체기에서 벗어난다. 편편이 주목을 요하는, 이 한 해에 쓴 시가 모두 16편이다.

윤동주가 대학에 들어와 두 차례 겪은 침체기는 이렇게 요약할 수 있다.

첫 번째는 내면의 침체기이다. 내가 누구인가, 새삼 묻는 것이다. 그는 그것을 〈자화상〉으로 극복한다.

두 번째는 외면의 침체기이다. 식민통치는 강화되고 현실에 어떻게 대응할 지는 난감하다. 그는 거기서 〈바람이 불어〉 같은 작품으로 극복한다.

이 같은 극복의 끝에서 윤동주는 다음과 같은 절정의 시를 얻어 낸다.

또 다른 고향(故鄕)

고향에 돌아온 날 밤에
내 백골(白骨)이 따라와 한 방에 누었다.

어둔 방(房)은 우주(宇宙)로 통(通)하고
하늘에선가 소리처럼 바람이 불어온다.

어둠 속에 곱게 풍화작용(風化作用)하는
백골(白骨)을 들여다보며
눈물짓는 것이 내가 우는 것이냐
백골(白骨)이 우는 것이냐
아름다운 혼(魂)이 우는 것이냐

지조(志操) 높은 개는
밤을 새워 어둠을 짖는다.

어둠을 짖는 개는
나를 쫓는 것일 게다.

가자 가자
쫓기우는 사람처럼 가자
백골(白骨) 몰래
아름다운 또 다른 고향(故鄕)에 가자.

1941. 9.

이 시에 대해서는 여러 평가가 엇갈린다. 내면적 갈등과, 거기에서 벗어나고자 하는 모색 과정이 시로 잘 승화된 작품이라는 점만은 공통적인데, 구체적인 내용에 들어가서는 서로 해석하는 바가 달라진다. 그만큼 윤동주 시 가운데 난해한 쪽에 속한다 할 것이다.

핵심적인 시어가 상징하는 바를 정리해 보자.

먼저 '어둔 방'이다. 어둠은 이 시의 전체적인 분위기를 지배하고, 방은 시인의 의식이 성장하는 공간이다. '고향'은 시인이 도달하고 싶은 이상세계나 인생관이다. 지금 돌아온 고향은 일정 정도 그 같은 성취가 이루어졌음을 나타내고, 아직 찾지 못한 궁극의 이상 세계를 '또 다른 고향'이라 표현한다. '백골'은 시인에게 살아 있는 현실적인 유혹, 힘들여 극복해야 할 존재이다.

이렇게 정리해 놓고 나면 시가 담고 있는 메시지가 웬만큼 풀린다. 고향에 돌아온 내 옆에 현실의 내가 백골의 모양으로 함께 눕는다. 바람의 소리를 듣는 나는 백골의 나를 응시하지만, 나는 어디까지나 아름다운 혼의 존재가 되어야 한다는 의지에 싸여 있다. 그래야만 하는 것임에도 불구하고 자꾸만 갈등하는 내게 개 짖는 소리마저 그냥 어둠 속에 들리는 소리로 끝나지 않는다. 나를 꾸짖는 것 같다.

그래서 새삼 다짐한다. 백골을 벗어나서 아름다운 또 다른 고향으로 가자고.

윤동주의 이런 심상은 잎새에 이는 바람에도 괴로워하거나, 무덤 위의 풀이 자랑처럼 무성할 것이라 맹서하는, 보다 적극적인 쪽으로 나가게 했다.

연희전문 재학 중에 쓴 산문 〈화원에 꽃이 핀다〉에는 이런 대목이 나온다.

> 나는 세계관, 인생관 이런 좀 더 큰 문제보다 바람과 구름과 햇빛과 나무와 우정, 이런 것들에 더 많이 괴로워해 왔는지 모르겠습니다. 단지 이 말이 나의 역설이나 나 자신을 흐리우는 데 지날 뿐일까요. (중략) 온정(溫情)의 거리에서 원수를 만나면 손목을 붙잡고 목 놓아 울겠습니다.

네 원수가 오른쪽 빰을 때리거든 왼쪽 빰도 내밀라는 성서의 말씀을 떠올리게 한다. 바람과 구름과 햇빛과 나무와 우정. 사실 이런 것들은 윤동주에게 그대로 인생의 문제요 세계의 문제였다.

펴내지 못한 시집

작품에 대해 자신감을 가진 윤동주는 졸업과 함께 작품집을 낼 계획을 세운다. 18편의 시를 간추렸는데, 대부분 4학년 때인 1941년에 쓴 작품들이었다.

그 가운데 〈새로운 길〉(1938), 〈슬픈 족속〉(1938), 〈소년〉(1939)의 세 편만이 예외였다. 〈병원〉(1940. 12)도 사실상

1941년 작품 계열이라 해야 할 것이었다. 그만큼 4학년에 들어 윤동주가 본격적인 시의 세계에 푹 빠져들어, 주목할 만한 시적 성취가 이루어졌음을 외형적으로 알 수 있는 통계이다.

시집을 정리한 그가 처음에 생각한 표제시(시집 전체 제목으로 삼는 시)는 〈병원〉이었다.

병원(病院)

살구나무 그늘로 얼굴을 가리고 병원(病院) 뒤뜰에 누워, 젊은 여자(女子)가 흰옷 아래로 하얀 다리를 드러내놓고 일광욕(日光浴)을 한다. 한나절이 기울도록 가슴을 앓는다는 이 여자(女子)를 찾아오는 이, 나비 한 마리도 없다. 슬프지도 않은 살구나무 가지에는 바람조차 없다.

나도 모를 아픔을 오래 참다 처음으로 이곳에 찾아왔다. 그러나 나의 늙은 의사는 젊은이의 병(病)을 모른다. 나한테는 병(病)이 없다고 한다. 이 지나친 시련(試鍊), 이 지나친 피로(疲勞), 나는 성내서는 안 된다.

여자(女子)는 자리에서 일어나 옷깃을 여미고 화단(花壇)에서 금잔화(金盞花) 한 포기를 따 가슴에 꽂고 병실(病室) 안으로 사라진다. 나는 그 여자(女子)의 건강(健康)이 ― 아니 내 건강(健康)도 속(速)히 회복(回復)되기를 바라며 그가 누었던 자리에 누워 본다.

1940. 12.

병원은 곧 식민지 현실을 비유하는 곳이다. 나도 모를 아픔을 참고 지내다 찾아온 젊은 환자에게 늙은 의사는 병이 없다고 말한다. 오직 시련과 피로뿐이다. 윤동주, 그에게 식민 현실은 시련과 피로이다. 그러기에 시집의 이름을 '병원'으로 지으려 했다는 것이다.

그러나 시집의 서문 격인 〈서시〉를 쓰고 나서 윤동주는 생각을 달리 하였다. 가족들은, "졸업 기념으로 19편의 작품을 모아 자선 시집 《하늘과 바람과 별과 시》를 77부 한정판으로 출간하려 했으나 뜻을 이루지 못하다. 본래 예정했던 시집 제목은 '병원'이었으나, 〈서시〉가 씌어진 후 위와 같은 제목으로 바꾸었다."고 증언한다.

정병욱의 다음과 같은 증언은 더 생생하다.

처음에는 시집 이름을 '병원'으로 붙일까 했다면서 표지에 연필로 '병원(病院)'이라고 써넣어 주었다. 그 이유는 지금 세상은 온통 환자투성이이기 때문이라 하였다. 그리고 병원이란 앓는 사람을 고치는 곳이기 때문에 혹시 앓는 사람들에게 도움이 될 수 있을지도 모르지 않겠느냐고 겸손하게 말했던 것을 기억한다.

믿음사에서 출판한 《사진판 윤동주 자필 시고 전집》의 해당 부분(139쪽)을 보면, 정병욱의 이 같은 증언을 분명히 확인할 수 있다. 한자로 '병원'이라 썼다가 지운 흔적이 선명하다. 이를 보고 있노라면, 선배인 동주가 후배인 병욱에게 시집에 대해 자상히 설명해 주며, 연필을 들어 '병원'을 써 보이고 다시 지우개로 지우는 장면이 눈앞에 펼쳐지는 것 같다.

그러나 역시 윤동주의 시집은 〈서시〉가 있어서 완성된다.

이제는 너무 알려져 친숙해진 시, 해방 이후 가장 오래 가장 많은 사람들이 애송한 시, 윤동주 시를 대표하여 여러 곳의 시비에 새겨진 시—그러나 이 〈서시〉는 정작 제목을 붙이지 않은 서문 격의 짧은 노래에 불과했다.

그러므로 '1941. 11. 20.'이라는 서명이 붙은 이 작품은 서문

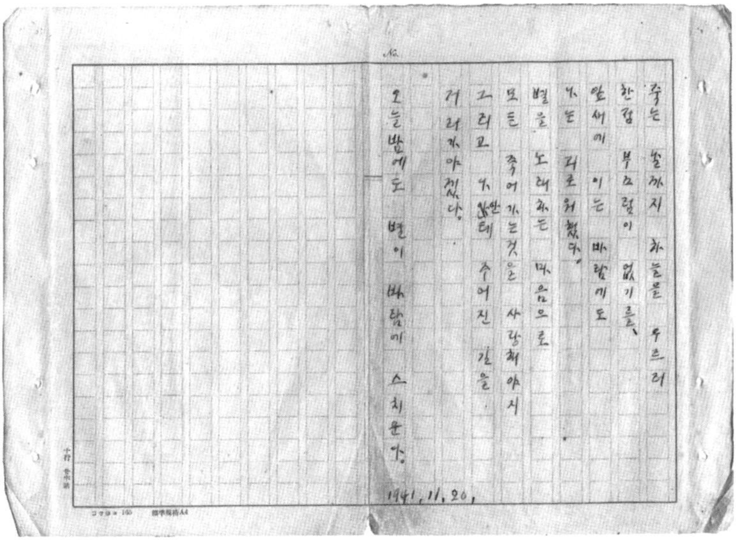
죽는 날까지 하늘을 우러러
한점 부끄럼이 없기를,
잎새에 이는 바람에도
나는 괴로워했다.
별을 노래하는 마음으로
모든 죽어가는 것을 사랑해야지
그리고 나한테 주어진 길을
걸어가야겠다.

오늘밤에도 별이 바람에 스치운다.

1941. 11. 20.

〈서서〉 자필 원고

으로 보아야 할 것 같다.

제목도 없다. '서시'는 오늘날 우리가 붙인 제목이다. 물론 윤일주의 증언에 따르면, 원고 3부를 마련한 것 가운데 윤동주 본인이 보관한 소장본에는 '서시'라는 제목이 붙어 있었다고 한다. 그러나 제목이 있건 없건 이 한 편이 우리에게 주는 울림은 너무도 크다.

서시

죽는 날까지 하늘을 우러러
한 점 부끄럼이 없기를,
잎새에 이는 바람에도
나는 괴로워했다.
별을 노래하는 마음으로
모든 죽어가는 것을 사랑해야지
그리고 나한테 주어진 길을
걸어가야겠다.

오늘밤에도 별이 바람에 스치운다.

1941. 11. 20.

'하늘을 우러러—잎새에 이는 바람—별을 노래하는 마음'이라는 핵심 시행에서 핵심 시어를 추려 내면 '하늘과 바람과 별과 시'라는 제목이 나온다. 결국 연희전문에 입학하여 〈새로운 길〉이라는 시를 처음 쓴 이래, 그가 4년간 그린 시의 그림은 이 〈서시〉에 와서 화룡점정(畵龍點睛)의 대단원을 이룬다. 그러나 시집은 출간되지 못하였다.

윤동주의 연희전문학교 졸업앨범 사진

그의 지도 교수인 이양하 선생은 '자칫 불온문서로 보일 가능성이 크다'며 출간을 만류했다. 한글로 된 시집을 내는 일 자체가 불온한 일이었다. 자비로 내자고 한다면 비용을 마련하는 것도 쉬운 일은 아니었을 터이다. 동주의 낙심은 이만저만이 아니었던 듯하다.

처음에 〈흐르는 거리〉라고 제목을 붙였다가, 시집 원고를 정리하면서 〈돌아와 보는 밤〉으로 고친 시에는 다음과 같은 구절이 보인다.

> 이제 창(窓)을 열어 공기(空氣)를 바꾸어 들여야 할 텐데 밖을 가만히 내다보아야 방(房) 안과 같이 어두워 꼭 세상 같은데 비를 맞고 오든 길이 그대로 비 속에 젖어 있사옵니다.
> 하루의 울분을 씻을 바 없어 가만히 눈을 감으면 마음속으로 흐르는 소리, 이제, 사상(思想)이 능금처럼 저절로 익어 가옵니다.

비오는 어두운 거리, 불을 켜지 않은 방, 거기서 동주는 끝내 울분을 씻을 수 없다고 절규한다. 그런 그는 마음속으로 능금처럼 익어 가는 사상의 소리를 들을 뿐이다.

〈서시〉를 쓴 11월 20일 무렵, 동주 자신은 시집을 간행하기 어려울 줄로 알았던 것 같다. 그래서 같은 시고집 3부를 작성하여, 이양하 선생과 후배 정병욱에게 1부씩 증정하였던 것이 아닌가 싶다. 오늘날 시집 그 부분의 유일한 원고가 된 것은 정병욱 보관본에 의한 것이다.

그리고 12월 8일에는 일본과 미국 사이에 태평양전쟁이 터졌고, 같은 달 27일, 총독부가 전시 학제 단축을 실시하는 바람에 예정보다 3개월 앞당겨 윤동주는 연희전문학교 4학년을 졸업하였다.

[illegible] 나는 街路燈 꺼지지 않는 것은 무슨 象徵일까?
사랑하는 동무 朴이여! 그리고 金이여! 자네들은 지금 어디 있는가? 끝없이 안개가 흐르는데,
「새로운 날 아침 우리 다시 情답게 손목을 잡어 보세」 몇字 적어 포스트 속에 떨어트리고,
밤을 새워 기다리면 金徽章에 金단추를 삐였고 巨人처럼 찬란히 나타나는 配達夫,
아침과 함께 즐거운 來臨.
이 밤을 하욤없이 안개가 흐른다。

五月十二日.

쉽게 씨워진 詩

窓밖에 밤비가 속살거려
六疊房은 남의 나라,

詩人이란 슬픈 天命인줄 알면서도
한줄 詩를 적어 볼가,

땀내와 사랑내 포그니 품긴
보내주신 學費封套를 받어

大學노―트를 끼고
늙은 敎授의 講義 들으려 간다。

생각해 보면 어린때 동무를
하나, 둘, 죄다 잃어 버리고

나는 무얼 바라
나는 다만, 홀로 沈澱하는 것일가?

人生은 살기 어렵다는데
詩가 이렇게 쉽게 씨워지는 것은
부끄러운 일이다.

六疊房은 남의 나라.
窓밖에 밤비가 속살거리는데,

燈불을 밝혀 어둠을 조금 내몰고,
時代처럼 올 아침을 기다리는 最後의 나,

나는 나에게 적은 손을 내밀어
눈물과 慰安으로 잡는 最初의 握手.

一九四二. 六. 三.

봄.

봄이 血管 속에 시내처럼 흘러
돌, 돌, 시내 가차운 언덕에
개나리, 진달래, 노―란 배추꽃

三冬을 참어온 나는
풀포기처럼 피여난다.

즐거운 종달새야
어느 이랑에서나 즐거웁게 솟쳐라

푸르른 하늘은
아른, 아른, 높기도 한데……

도항증명

〈참회록〉

〈흰 그림자〉

졸업 그리고 창씨개명

본디 1942년 3월로 예정되어 있던 졸업식이 해를 넘기지 않고 1941년 12월에 치러진 것은 태평양전쟁 때문이었다. 일제는 전쟁터에 학생들까지도 징발해 갈 태세였다. 이것은 식민지 조선뿐 아니라 일본에서도 마찬가지였다. 그러기에 졸업생들의 마음은 심히 어두웠을 것이며, 재학생들의 불안과 초조는 더했을 것이다.

후배 정병욱은 그해에 나온 《현대시》 봄호와 가을호를 산다. 윤동주에게 줄 졸업 선물이었다. 병욱은 '축 졸업'이라 쓰고 각각 시조 한 수씩을 지어서 속표지에 적어 넣는다.

저 언니 마음에사 동백꽃 피연지고
동백꽃 피온 고장 내 고향이 아닌가
몸이야 떠나신들 꽃이야 잊을소냐 (봄호)

언니가 떠난다니 마음을랑 두고 가오
바람 곧 신(信) 있으니 언제 다시 못 보랴만
이 기쁨 저 시름에 언니 없어 어이할고 (가을호)

동백꽃 같은 존재로서 선배 동주를 생각하는 병욱은 새봄의 동백꽃 보거든 선배를 본 듯하다 다짐하지만, 바람이 불어 그쳤다가도 다시 불어오는 것처럼 재회를 믿고 있으나, 그렇다고 시름이 다하는 것은 아니었다. 그나마 함께 있어 위로가 되어 주었던 선배와의 이별을 이렇듯 안타까워하고 있다.

졸업식을 마치고 윤동주는 고향집으로 일단 돌아온다. 이제 무엇을 할 것인가. 그의 희망은 일본에 유학하는 것이었다. 함께 연희전문을 졸업한 사촌 송몽규도 마찬가지였다. 그러나 벌써 스물여섯 살, 당시로서는 적지 않은 나이였고, 무엇보다 경제 사정 또한 넉넉지만 않았다. 윤동주는 진학을 망설였다.

이 무렵 동주의 집안은 경제적으로 다소 어려워져 있었다. 그러나 아들의 뜻을 아는 아버지는 무리해서라도 일본 유학을 권했다.

그런데 문제가 하나 남아 있었다. 바로 창씨개명이었다. 용정에 살던 윤동주의 집에서는 그때까지 창씨개명을 하지 않고도 버티고 있었다. 그런데 일본에 입국하기 위해서는 오늘날의 비자에 해당하는 도항증명(渡航證明)이 필요했고, 도항증명을 발급받기 위해서는 창씨개명을 하지 않을 수 없었다. 결국 졸업을 하던 무렵, 고향 집에서는 일제의 탄압에 못

일본 유학 첫해인 1942년 여름방학에 고향에 온 윤동주, O표 윤동주, △표 송몽규

이기고 동주의 도일수속(渡日手續: 일본으로 건너가는 데 필요한 행정적인 사무)을 위하여 성씨를 히라누마(平沼)로 만들었다.

히라누마—잔잔한 호수라는 뜻. 이 집안사람들의 소박한 소망이 담겨 있는 듯하다. 송몽규 집에서는 성씨를 소오무라(宋村)라고 하였다.

윤동주는 1942년 1월 29일, 다시 서울로 와서 졸업증명서

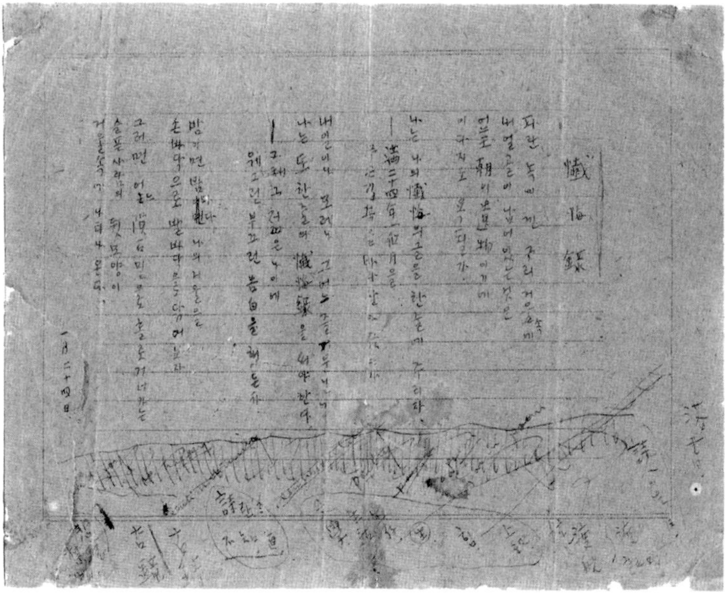

懺悔錄

파란 녹이 낀 구리 거울 속에
내 얼골이 남어 있는 것은
어느 王朝의 遺物이기에
이다지도 욕될가.

나는 나의 懺悔의 글을 한 줄에 주리자.
— 滿二十四年 一個月을
무슨 깁븜을 바라 살아 왔든가.

내일이나 모레나 그 어느 즐거운 날에
나는 또 한 줄의 懺悔錄을 써야 한다.
— 그때 그 젊은 나이에
웨 그런 부끄런 告白을 했든가.

밤이면 밤마다 나의 거울을
손바닥으로 발바닥으로 닦어 보자.

그러면 어느 隕石 밑으로 홀로 거러가는
슬픈 사람의 뒷모양이
거울 속에 나타나 온다.

一月二十四日.

〈참회록〉 자필 원고

등 도일 수속을 위하여 연희전문학교에 일본식 이름으로 바꾼다는 서류를 제출하였다. 실로 이런 낭패가 없었다. 명동촌에서, 평양의 숭실학교에서 그리고 연희전문을 다니는 4년 동안 내내 지켜 왔던 민족적 자존심이었다. 이런 곳들은 동주의 마음을 지켜 줄 수 있었다. 그러나 이제 그런 바람막이는 없다. 아름다운 울타리의 한켠이 와르르 무너지는 기분이었다.

이때 그의 마음을 그대로 옮긴 시가 〈참회록〉이다. 서류를 제출하기 5일 전인 1월 24일에 썼다.

참회록(懺悔錄)

파란 녹이 낀 구리 거울 속에
내 얼굴이 남아 있는 것은
어느 왕조(王朝)의 유물(遺物)이기에
이다지도 욕될까

나는 나의 참회(懺悔)의 글을 한 줄에 줄이자.
만 이십사 년 일 개월(滿二十四年一個月)을
무슨 기쁨을 바라 살아왔던가

내일이나 모레나 그 어느 즐거운 날에
나는 또 한 줄의 참회록(懺悔錄)을 써야 한다.
그때 그 젊은 나이에
왜 그런 부끄런 고백(告白)을 했던가.

밤이면 밤마다 나의 거울을

손바닥으로 발바닥으로 닦아 보자

그러면 어느 운석(隕石) 밑으로 홀로 걸어가는
슬픈 사람의 뒷모양이
거울 속에 나타나온다.

1942. 1. 24.

이 시는 유학을 떠나기 전 서울에서 쓴 마지막 작품이 되었다. 원고지 한 장에 고친 자국도 거의 보이지 않는, 한달음에 써낸 듯한 이 시는 제목만큼이나 신앙고백에 가깝다. 그것은 절대자에 대한 참회라기보다 시에 대한, 역사와 사회에 대한 참회라고 해야 한다.

도리어 원고지의 여백에 남긴 낙서가 그의 헝클어진 마음을 읽게 한다. 그 가운데서도 '도항증명'이라는 말과 '비애 금물(悲哀禁物)'이라는 글씨가 특히 눈길을 끈다.

이 두 단어에는 도항증명을 받기 위한 굴욕스러운 일들, 그 가운데서도 창씨개명에 대한 떨쳐 버릴 수 없는 모욕감이 생생히 남아 있다. 그러면서도 지나친 슬픔에 잠기지 말자는 '비애 금물'이라는 말이, 말뜻과는 정반대로 우리에게는 한없이 비애에 빠진 이 순간의 윤동주를 떠올리게 한다.

식민지 청년의 고뇌가 이처럼 뼈에 사무친 날은 없었을 것이다. 창씨개명 서류를 내기 꼭 5일 전의 일이었다.

릿교대학에서의 한 학기

윤동주가 도쿄에 도착한 것은 1942년 3월 초로 보인다. 학기는 4월에 시작하지만, 숙소를 잡고 수속을 마치자면 이런 정도에는 도착해야 했을 것이다.

기록에 따르자면, 윤동주는 4월 2일 도쿄의 릿교대학 문학부 영문과 선과에 입학하였다. 같은 시기 송몽규는 교토(京都)제국대학 서양사학과에 입학하였다. 윤동주도 본디 송몽규와 같이 교토제국대학으로 진학하기를 바랐으나, 아마도 입학시험에서 낙방한 듯하다. 사실 송몽규가 이 대학에 입학한 것은 거의 기적에 가까운 일로 받아들여졌다. 그만큼 명문 대학인 데다, 제국대학의 경우에는 연희전문 같은 사립대학 출신으로는 입학하기가 더 까다로웠다.

윤동주는 한때 도쿄의 한인 YMCA 숙소에 기거한 것으로 알려져 있다. 릿교대학에 남아 있는 그의 학적부에 나온 주소가 그렇다. 그러나 이는 도쿄에 살고 있던 친척 윤영선이 보증인 자격으로 내준 주소를 적었기에 그런가 한다. 실은 이곳에서 잠시 머물다 곧바로 릿교대학 근처에서 혼자 하숙을 시작하였다.

지금도 도쿄에는 '도쿄 6대학'이라 불리는 여섯 학교가 있다. 도쿄대학을 비롯해, 게이오(慶應)·와세다(早稻田)·메이지(明治)·호세이(法政)·릿교가 그것이다. 도쿄대학만 국립이고 나머지는 사립이지만, 도쿄를 대표하고 일본을 대표하는 명문 대학들이다. 이밖에도 도쿄 안에는 히도츠바시(一橋)·오차노미즈(お茶の水)·도쿄공대 같은 명문 국립대학이 즐비하지만, 일반적으로는 이 여섯 대학을 손꼽는다.

릿교는 그 같은 명문 대학 가운데 하나이다. 영국의 성공회가 재단을 맡아 학교를 세우고, 일본에 서양 문물을 전파하는 데 일익을 담당하였다. 그만큼 분위기가 서양적이었다 할 수 있다.

릿교대학은 도쿄의 부심 가운데 하나인 이케부쿠로 역 가까운 곳에 있다. 이케부쿠로 역 주변은 젊은이들이 많이 모이는 거리이고, 이 역에서 세이부 이케부쿠로선과 도부선이 출발하여, 도쿄와 외곽을 연결하는 중요 거점이다. 일왕의 휴양지이자 유명한 관광지인 니코로 가는 열차가 바로 이 역에서 출발한다.

윤동주가 도착한 1942년 봄이라면, 역 주변은 번화하였으나 학교 주변은 약간 한적한 도쿄의 외곽이었을 터였다.

학적부에 따르면, 윤동주는 릿쿄대학에서 한 학기 동안 '영문학 연습'과 '동양 철학사' 과목만 수강하였다. 본디 원하던 대학이 아니었고, 도쿄도 벌써 전시 분위기에 휩싸여 있었으므로, 윤동주가 이곳 도쿄와 릿쿄에 남긴 자취는 그다지 선명하지 않다. 서울의 연희전문과 달리 성공회 식의 채플을 하는 릿쿄에서 그마저 낯설었던 듯하다.

윤동주는 결국 한 학기만 마치고 교토의 도시샤대학으로 옮기고 만다.

첫 도쿄의 경험은 그에게 어떻게 다가왔던 것일까. 우리는 릿쿄대학 시절인 1942년 4월에서 6월 사이에 쓴 〈쉽게 씌어진 시〉를 비롯한 5편을 지금 볼 수 있다. 릿쿄대학 편지지에 고이 정서한 이 작품은 서울에 있던 연희전문 동창 강처중(姜處重)에게 보낸 것들이다. 이 다섯 편은 오늘날 우리가 가지고 있는 윤동주의 마지막 작품이다.

그 가운데 가장 먼저 쓴 한 편을 보기로 하자. 4월 14일, 학기가 시작하고 얼마 지나지 않아서이다.

흰 그림자

황혼(黃昏)이 짙어지는 길모금에서
하루 종일 시들은 귀를 가만히 기울이면
땅거미 옮겨지는 발자취 소리.

발자취 소리를 들을 수 있도록
나는 총명했든가요.

이제 어리석게도 모든 것을 깨달은 다음
오래 마음 깊은 속에
괴로워하던 수많은 나를
하나, 둘 제 고장으로 돌려보내면
거리 모퉁이 어둠 속으로
소리없이 사라지는 흰 그림자.

흰 그림자들
연연히 사랑하던 흰 그림자들.

내 모든 것을 돌려보낸 뒤

허전히 뒷골목을 돌아
황혼처럼 물드는 내 방으로 돌아오면

신념(信念)이 으젓한 양(羊)처럼
하루 종일 시름없이 풀포기나 뜯자.

1942. 4. 14.

거리에서 돌아온 방—그것은 윤동주의 시에 자주 등장하는 공간이다. 이 같은 공간에 대해 어떤 연구자는 '광장 공포증'이라 이름 붙이고, 또 어떤 연구자는 '자조적'이라고도 평한다. 분명 윤동주는 외향적이고 선언적인 성격이나 시 세계를 가지고 있지 않았다. 그는 어디까지나 내면적이고 성찰적인 인간이다.

그러기에 '황혼처럼 물드는 내 방'에서 '신념이 으젓한 양처럼' 시름없이 풀을 뜯는다. 이것은 바로 한두 달 전에 쓴 〈돌아와 보는 밤〉에서, "가만히 눈을 감으면 마음속으로 흐르는 소리, 이제, 사상(思想)이 능금처럼 저절로 익어가옵니다."라고 노래한 것과 매우 닮았다.

다른 점이 있다. 윤동주는 이 시에서 처음으로 자신에게

'나는 총명했든가요'라고 묻고 있다. 웬일일까? 그러면서 곧장 '어리석게도 모든 것을 깨달았다'고 선언한다. 내가 깨달은 것은 내 안에 있는 수많은 번뇌이다. 깨달은 이상 그것들을 버려야 한다. 그래서 '하나, 둘 제 고장으로' 돌려보내는데, 어둠 속으로 사라지는 '흰 그림자'가 보인다. 그렇다면 흰 그림자는 허깨비 같은, 어리석은 내 안의 괴로움이었다.

윤동주는 이제 시의 소리를 들을 수 있게 된 것일까. 시인의 깨달음은 구도자의 그것과는 다르다. 어디선가 울려 주는 시의 소리를 듣는 것이다. 그러기에 이 시에서 '흰 그림자'는 앞서 설명한 대로 '허깨비', '어리석음'을 나타내는 말이지만 윤동주가 찾아낸 자신의 본질, 약점, 그리고 끝내 껴안고 가야 할 운명이기도 하다. 시의 구도자로서 윤동주는 이 인간적 고뇌와 약점을 어둠 속으로 돌려보내면서도 언젠가 그 어둠 속에서 다시 나타날 것을 예감하고 있다. 깊은 뜻이 들어 있는 말이다. 윤동주의 가장 든든한 후배 정병욱은 나중에 자신의 호를 백영(白影)이라고 짓는다. 이는 아마도 윤동주의 이 '흰 그림자'에서 따왔을 것이다.

1942년 봄, 도쿄에 도착하여 처음으로 〈흰 그림자〉를 쓰고 두 달 뒤, 윤동주는 그가 남긴 최대의 명편 〈쉽게 씌어진 시〉를 써낼 수 있었다.

도쿄에서 만난 연인

윤동주가 사귄 여성은 없었을까? 앞서 잠깐 다루었지만, 다시 이런 질문을 한 이는 윤동주 연구자 송우혜 씨이다. 그가 쓴 《윤동주 평전》에서다.

왜 윤동주라고 사귀었거나 사귀고 싶었던 여성이 없었겠는가. 적어도 서울에 유학하는 동안 준수한 외모와 연희전문 재학생이라는 이력, 그리고 문학청년의 깊은 눈망울에 빠져든 여학생이 없었을 리 없다. 그런데 심증만 있을 뿐 물증이 없다. 더욱이 연희전문 4학년 여름에 쓴 〈바람이 불어〉에서 "단 한 여자(女子)를 사랑한 일도 없다."는 구절이 못내 우리의 상상을 가로막는다.

그럼에도 송우혜가 가능성(?)을 두고 발굴한 여성은 두 사람이다. 먼저 정병욱의 회고에서 찾은 사람이다.

> (하숙을 옮긴) 북아현동에는 동주 형의 아버님 친구로서 전에 교사를 하다가 전직을 하여 실업계에 투신한 지사 한 분이 살고 계셨다. 동주 형은 그분을 매우 존경했고 가끔 그분 댁을 찾기도 했었다. 그런데 그분의 따님이 이화여전 문과의 같은 졸업반이

었고, 줄곧 협성교회와 케이블 목사 부인이 지도하는 바이블 클래스에도 같이 참석하고 있었다. 동주 형은 물론 나이 어린 나에게 그 여자에 대한 심정을 토로한 적은 없었다. 그러나 그 여자에 대한 감정이 결코 평범하지 않았다는 것만은 피부로 느낄 수 있었다.

허기사 고향 마을에서는, "얼굴이 잘생겨서 거리에 나가면 여학생들이 유심히 그의 얼굴을 보기도 하고 여자로부터 말을 건네받는 경우도 있었다. 하나 수줍은 그는 한 번도 여자를 거들떠보지도 않았다."(윤영춘의 증언)는 그가 아닌가. 그런데 여기는 서울이고, 나이 또한 들 만큼 들었다. 케이블 목사의 바이블 클래스가 모여 찍은 사진이 남아 있는데, 이 사진 속에 세 명의 여학생이 보인다. 동주가 마음을 준 여자는 아마도 그 가운데 한 사람이었으리라.

그러나 이 여학생에 대해서는 "오가는 눈길에서 서로 마음만은 주고받았는지 모를 일"(정병욱의 회고)이지만, 더 이상의 진전은 없었다. 곧 졸업을 하고 일본으로 떠났으며, 그 이후의 불행한 사태에 대해서는 우리가 익히 아는 바이다.

또 다른 한 여성은 도쿄에서 만난다. "결혼까지 생각했던

보다 더 구체적인 다른 여성"이라고 송우혜는 말한다.

윤동주는 릿교대학 1학년 1학기를 마친 여름방학 때 고향에 왔다. 그로서는 생애 마지막 귀향이 되고 말았다. 이때 동생들에게 "우리말 인쇄물이 앞으로 사라질 것이니, 무엇이나, 악보까지라도 사서 모으라"고 당부했다고 한다. 그러나 동생들에게 이런 말을 꺼낸 것은 본론을 위한 서론에 불과했다. 동주는 여동생 혜원에게 사진을 한 장 내밀었다. 거기에는 한 여학생이 두 사람의 남학생과 함께 있었다. 송우혜가 윤혜원으로부터 들은 이야기는 다음과 같이 이어진다.

> "얘, 이 사진의 여자 어떠니."
>
> 들여다보니 예쁘기보다는 지성미가 풍기는 좋은 인상의 여자였다.
>
> "괜찮은데, 그 사람이 누군데?"
>
> 이야기를 들어 보니, 그 여자는 함북 온성에 있는 박 목사의 딸로서, 도쿄에서 막내오빠와 함께 오누이가 자취를 하면서 성악을 전공하는 중이라고 했다. (중략) 윤동주는 김치를 먹고 싶으면 그 집에 가는데 그동안 거기 가서 식사를 많이 했다고도 했다. (중략) 아마도 (여자의) 오빠가 윤동주를 동생의 남

편감으로 단단히 점찍었던 인상이었다.

말하는 내용으로 보아 오빠가 그 여자에게 아주 마음을 두고 결혼까지 생각하고 있는 걸 알아챈 윤혜원 씨는 집안 어른들께 그 이야기를 알렸다. (중략) 윤동주는 일본으로 되돌아갈 때에 그 사진을 집에 놔두고 갔다.

그러나 결과는 낭패였다. 집안에 소개까지 하고 갔건만, 도쿄에 도착한 윤동주는 그 여자가 방학 동안 고향 집에 가서 약혼을 하고 왔다는 소식을 들었다.

비록 실패한 연애 끝에 아무것도 남지 않았지만, 두 이야기를 통해 한 가지 집히는 점은 있다. 윤동주가 화려한 아가씨보다 바이블 클래스에서 성경 공부를 하는, 예쁘기보다 지성미가 풍기는 아가씨에게 끌렸다는 것. 집안의 내력이기도 했겠으나, 이를 통해 윤동주의 성격과 성향을 짐작해 보면 그것이 그의 시 세계에까지 어떤 영향을 끼쳤으리라 싶다.

즐거운 종달새야
어느 이랑에서나 즐거웁게 솟쳐라.

〈봄〉에서

다만 그해 봄, 희망에 겨워 부른 노래는 틀림없이 생애 처음 다가온 사랑에게 바쳤으리라 짐작한 송우혜의 추론은 탁견이다.

가을이 오고 사랑을 잃어버린 이 청년의 마음은 잠시 황폐해졌을 것이다. 도규도 싫어졌을 것이다.

교토 그리고 도시샤대학

치욕스런 창씨개명을 하면서까지 받아 낸 도항증명으로 유학을 왔으니 윤동주로서는 공부에 관한 한 좀 더 모질어질 필요가 있었다.

굳이 교토제국대학에 가서 먼저 시험 친 것은 송몽규와 함께 어떤 결론을 내렸기 때문이었던 듯하다. 교토제대는 한때 공산주의를 비롯하여 사상의 자유가 활발히 토론되던 학교였다. 무정부주의의 아나키스트들이 배출되기도 하였고, 군국주의화되어 가는 일본 사회에 경종을 울리기도 하였다. 그래서 정부로부터 된서리를 맞게 되지만, 어쨌건 그런 전통을 지닌 학교를 누구보다 송몽규가 선호했을 것 같다. 그의 정치적 지향점과 맞아떨어지기 때문이다. 그리고 윤동주는 송몽규의 그런 선택과 설득에 동의했을 가능성이 높다.

더욱이 사립대학에 재학하는, 그것도 도쿄에서의 유학 생활은 경제적으로도 벅찬 일이었다. 윤동주는 여기서 학교를 옮길 생각을 한다. 그러나 교토제대는 현실적으로 너무 높은 벽임을 한 번 경험했고, 도쿄에 와 있는 동안 모색해 보니 센다이에 있는 도호쿠(東北)제국대학 정도가 적당하리라 마음먹었다.

여름방학 도중 윤동주는 도쿄로 돌아간다. 그리고 도호쿠제국대학 입학을 목표로 다시 시험을 치르는데, 불행하게도 여기서 또 한 번 실패한다.

결국 윤동주는 교토로 갈 결심을 한다. 도쿄에서 공부하고 싶은 마음이 없어졌기 때문일 텐데, 이유는 여러 가지였다. 릿교대학이 지닌 분위기에 쉽게 적응하지 못하였고, 마음에 둔 여인으로부터 버림을 받았으며, 도호쿠제대에 낙방했으나 일단 옮기기로 마음 먹고 시도한 이상 내처 실행을 하고 싶었을 것이다. 그가 선택할 길은 아마도 하나밖에 없었으리라. 사촌인 송몽규가 있는 교토로 가는 것이었다.

교토에 있는 도시샤대학은 여러모로 윤동주의 마음을 끌었다. 연희전문처럼 기독교 개신교 계통의 재단이 설립한 학교라는 점에서 분위기로도 맞았고, 그가 흠모해 마지않던 시

윤동주가 살았던 다케다아파트 터에 위치한 윤동주의 시비와 꽃 (사진_ 연세춘추 송은석)

인 정지용이 바로 이 학교에서 공부를 했다는 점에서도 호감이 갔다. 교토제대에는 입학하지 못했으나, 서양 선교사가 세운 학교답게 윤동주가 공부하고 싶어 했던 영문학 쪽으로는 교토제대에 못지않은 교수진을 갖추고 있었다.

기록에 따르면, 윤동주는 1942년 10월 1일 교토의 도시샤대학 영문학과에 입학하여 교토시 사교구 다나카다카하라정 27번지에 있는 다케다아파트에서 하숙 생활을 시작하였다. 아파트라 하니까 우리 식의 중산층 이상이 사는 집을 생각해서는 안 된다. 일본에서 아파트란 보통 방 한 칸, 부엌 한 칸의 월세방이다. 봄에 교토제대에 와 있던 송몽규는 같은 구의 기타시라가와 히가시히라이정 60번지에 하숙하고 있었다.

그러나 이 무렵 윤동주의 심리적인 상태를 추적해 볼 수 있는 작품이나 글을 우리는 지금 가지고 있지 못하다. 그가 남긴 글은 릿교대학에 있던 지난봄, 서울의 연희전문 시절 친구인 강처중에게 보낸 다섯 편의 시가 마지막이기 때문이다.

사실 이 무렵 윤동주는 위험을 무릅쓰고, 강처중에게 보낸 편지처럼, 한글로 쓴 편지에 몇 편의 시를 동봉하여 친구들에게 두루 보낸 것 같다. 그러나 어떤 경로로든 그 편지는 지금 하나도 남아 있지 않다. 강처중의 편지가 유일하고, 그나마 편지의 사연 부분은 강처중도 없애 버리고, 시 부분만을 가지고 있다가 해방 이후 가족들에게 넘겨주었다. 그러므로 강처중이 보관한 다섯 편의 시는 그야말로 천금 같은 무게를 지니고 있다. 강처중은 해방 후 경향신문 기자로 있으면서, 바로 그가 받았던 시 가운데 한 편인 〈쉽게 씌어진 시〉를 이 신문에 소개한 사람이다.

우리는 그래서 윤동주가 쓴 다른 작품 하나를 통해 이 시절 그의 모습을 추정해 나갈 수밖에 없다. 1941년 11월 29일에 쓴 〈간(肝)〉이 바로 그런 작품이다.

간(肝)

바닷가 햇빛 바른 바위 우에
습한 간(肝)을 펴서 말리우자.

코카사쓰 산중에서 도망해 온 토끼처럼
둘러리를 빙빙. 놀며 간(肝)을 지키자.

내가 오래 기르든 여윈 독수리야!
와서 뜯어 먹어라. 시름없이

너는 살지고
나는 여위여야지. 그러나.

거북이야!
다시는 용궁(龍宮)의 유혹(誘惑)에 안 떨어진다.

푸로메디어쓰 불쌍한 푸로메디어쓰

불 도적한 죄로 목에 맷돌을 달고

끝없이 침전(沈澱)하는 푸로메디어쓰.

1941. 11. 29

이 시는 윤동주가 연희전문을 졸업하던 무렵에 쓴 것이다. '하늘과 바람과 별과 시'라는 제목 아래 시집을 정리한 다음이다. 그래서 낱장 형태로 보관되어 있던 것이 나중에 발견되었다. 11월 29일이라면 태평양전쟁이 터지기 불과 10일 전쯤이고, 졸업식을 한 달여 남긴 시점이다.

이 시에는 이 무렵 그가 가진 심리적 고통이 잘 드러나 있고, 이는 다음 해 도쿄에서 봄 학기를 보낸 다음, 가을 학기에 교토로 옮길 때까지도 여전히 그를 사로잡고 있던 마음의 짐이었을 것이다.

우리의 전통적인 설화인 용궁에 붙들려 간 토끼 이야기와, 그리스 신화인 인간에게 불을 훔쳐다 준 프로메테우스 이야기가 교묘하게 섞여 있다. 윤동주의 시 가운데 가장 치밀하게 구성된 작품이라 평가받기도 한다. 여기서 두 이야기는 간을 매개로 만나고 있다. 병든 용왕에게는 토끼의 간이 필요했고, 프로메테우스는 불을 훔친 죄로 날마다 독수리에게 간을 쪼아 먹히는 형벌을 받는다. 토끼의 간이 병든 용왕에게 필요한 약이었다면, 프로메테우스의 간은 극한 형벌의 상징이다.

동주는 이 두 이야기를 섞어 놓음으로써, 간이 가진 이중의 뜻을 하나로 합쳐 놓고 있다. '코카서스 산중에서 도망해 온 토끼'가 그렇다. 형벌을 주는 독수리에게 차라리 뜯어 먹힐지언정, 감언이설에 속아 궁중의 환락을 쫓아갔던 어리석은 토끼가 되지 않겠다고 다짐한다. 이것은 어떤 다짐일까.

적어도 동주가 송몽규 같은 행동주의자는 아닐지라도, 그의 순결한 의식 속에는 어떤 투사보다도 옹골찬 인생과 역사에 대한 기백이 서려 있었음을 엿보게 한다.

도시샤대학으로 옮기던 1943년 10월 29일, 외삼촌 김약연 목사가 고향 용정에서 별세한다. 용정의 지도자였으며 윤동주 개인에게도 등불과 같은 존재였다. 그의 마음이 얼마나 허전했을까 싶지만, 그런 와중에도 도쿄에서 온 당숙 윤영춘 그리고 송몽규와 함께 명승지인 비파호를 구경하기도 하고, 《고흐 서간집》 같은 책들을 읽으며 차분히 공부를 시작한다.

이 가을과 다음 해 봄이 윤동주에게는 일본에서 가장 행복한 시기였다.

운명의 날

〈무서운 시간〉
〈십자가〉

무서운 시간

잠시 1941년 2월로 다시 돌아가 보자. 윤동주는 연희전문학교 문과 3학년을 마치고 있었다. 그 겨울에 그는 어디서 무엇을 하고 있었을까. 혹한의 고향 마을 용정에서 눈을 맞고 있었을까, 서울의 하숙방에서 시린 손을 곱고 있었을까.

사실 그는 고향의 후배인 장덕순과 함께 신촌에서 하숙 생활을 하고 있었다. 이제 4학년으로 진학할 참이지만, 연희전문은 그 무렵 교장인 언더우드 2세가 일제의 압력에 이기지 못하여 자리를 내놓았고, 조선 사상범 예비구금령 같은 본격적인 악법이 발동되기 시작하는 암흑기의 초입이었다. 어렵게 들어온 대학이었고, 우여곡절로 이어지는 대학 생활이었다.

마침 그런 그의 심경을, 아니 비슷한 상황의 젊은이들의 좌절과 인내를 잘 보여 주는 시가 있다.

무서운 시간(時間)

거 나를 부르는 것이 누구요.

가랑잎 이파리 푸르러 나오는 그늘인데,
나 아직 여기 호흡(呼吸)이 남아 있소.

한 번도 손들어 보지 못한 나를
손들어 표할 하늘도 없는 나를

어디에 내 한 몸 둘 하늘이 있어
나를 부르는 것이오.

일이 마치고 내 죽는 날 아침에는
서럽지도 않은 가랑잎이 떨어질 텐데……

나를 부르지 마오.

1941. 2. 7

앞서 송우혜는 이 시를 두고, "자신이 살고 있는 시대의 역사가 도전해 오는 소리를, 그 시간을 온몸으로 느낀 개인이 그의 온 감각으로써 반응하는 모습이 한 장의 스틸 사진처럼 강렬한 명암으로 나타나 있다."고 평한다. 가랑잎은 활엽수의 마른 잎이다. 마른 잎이 푸르러 나오다니, 언뜻 앞뒤가 맞지 않는 말 같지만, 말라 가는 잎에서 새봄의 푸름을 기다리는 인고(忍苦)의 정경으로 이해된다. 그러기에 아직 여기 호흡이 남아 있다고 하지 않는가.

그러나 그렇게 결연한 의지를 가지고서도 자신을 부르는 소리는 두렵다. 언제고 평안한 날 없이 살아온 그이기에, 부르는 소리는 그냥 흘려 지나갈 심상한 것이 아니기에, 시대와 역사가 자신을 불러낸다면 그것은 제장(祭場)의 희생이 되라는 요구이기에 한순간 두려운 것이다. 그래서 항변한다.

한 번도 손들어 보지 못한 나를
손들어 표할 하늘도 없는 나를

어디에 내 한 몸 둘 하늘이 있어
나를 부르는 것이오.

"손들어 표할 하늘도 없는 나", 이 구절이야말로 1941년을 사는 이들의 처지를 한마디로 요약한 것이다. 그리고 그것은 스물아홉 젊은 시인의 죽음을 안타까워했고, 그래서 시인의 길이 얼마나 엄숙한 것인지 동감한 많은 이들의 눈길이 오래도록 머문 대목이다.

시가 거기까지라면 여린 지식인의 한탄에 지나지 않았을 것이다. 하지만 그는 감정을 추슬러 감연히 노래하며 이어 나간다.

> 일이 마치고 내 죽는 날 아침에는
> 서럽지도 않은 가랑잎이 떨어질 텐데……

어떤 일이며 왜 죽는지 구체적으로 밝히지 않았지만, "지금이 '무서운 시간'임을 인식하고 그에 민감하게 반응한 자리, 바로 그 자리에서 일개 시인 지망생이었던 윤동주가 참으로 '시인 윤동주'라는 황홀한 존재가 되어 우뚝 일어선 것"이라는 송우혜의 해석이 적절하다.

윤동주는 시인이라는 이름과 자신의 목숨을 맞바꾸고 있는 것이다.

그런데 그렇게까지 해 놓고도 마지막에 다시 "나를 부르지 마오"라고 끝맺는다. 두려움은 극복의 대상이 아니다. 숙명처럼 받아들일 뿐이다. 그래서 우리는 도리어 이 구절에 더 애착이 간다. 두려움을 두려운 대로 내보인 인간 윤동주의 참 모습이 보이기 때문이다.

검거, 그리고 십자가를 지겠다는 각오

이 시를 쓴 1941년 2월로부터 꼭 4년 뒤인 1945년 2월에 윤동주는 후쿠오카의 차디찬 감옥에서 숨을 거둔다. 뜻밖의 우연이다.

그렇다고 이 시가 4년 뒤에 다가올 그의 죽음을 각오하고 예견하여 썼다 말하면 지나친 해석이리라. 나아가 그를 오로지 민족주의적 순교의 시인으로만 말한다면 본디 제 모습을 일그러뜨릴 수 있다. 살아가는 일 자체가 가시밭길이요 올무가 뒤덮인 벌판에서, 제 나라말로 끝내 시를 쓰는 일에다 생을 바치기로 하였다면, 그것만으로도 죽음을 담보로 한 민족운동이었다. 그러기에 우리는 여기에 어떤 찬사라도 붙일 수 있다.

서럽지도 않은 가랑잎처럼 죽는 날의 아침을 맞겠다던, 그러나 그토록 무서워하던 시간이 다가오고 있었다. 시대의 위협은 곳곳에서 무섭게 도사리고 있었다.

위협은 송몽규에게 먼저 닥쳤다. 1943년 7월 10일, 송몽규가 교토 시모가모 경찰서에 독립운동 혐의로 검거되었다.

그리고 운명의 날 7월 14일.

윤동주는 귀향길에 오르려고 차표를 사 놓고 짐까지 부쳐

도시샤대학 재학 시절 송별회를 마치고 일본인 친구들과 사진을 찍은 윤동주

놓은 상태에서 송몽규와 같은 혐의로 검거되었다. 하숙집에 들이닥친 경찰은 많은 책과 작품, 일기를 함께 거두어 갔다.

신변에 닥치는 위협도 심상치 않았지만, 이미 방학이 되었으므로 윤동주는 고향으로 가려 했다. 평소 가까이 지내던 동급생들이 송별회를 마련해 주었다. 모두 일본인들이었다. 자리를 마치고 사진을 찍었다. 남학생 여섯 명과 여학생 두 명이 둘러싼 가운데 윤동주는 섰다. 사진 속의 윤동주는 수줍고 앳된 모습 그대로다.

이 사진을 가지고 있던 한 동급생이 최근 이를 공개했다.

동급생은 윤동주가 말수가 적은 차분하고 단정한 사람이었다고 전해 주었다. 영어를 무척 잘했으며, 열심히 공부하는 모범생이었단다.

송별회 자리에서 동급생들이 노래를 청하자, 윤동주는 수줍은 듯 일어서서, 그러나 또렷하고 정이 서린 목소리로 아리랑을 불렀다. 이 또한 사진을 공개한 동급생이 전해 준 말이다.

이 대목에서 우리는 여러 가지 보충할 사항이 있다. 경찰이 송몽규를 먼저 검거한 것은 그를 어떤 혐의의 주모자로 보았기 때문일 것이다. 그때 윤동주는 송몽규가 경찰에 검거될 만한 불온한 정치 활동을 한다고 생각했을까. 그리고 송몽규가 검거되던 날에 그 사실을 알았을까. 적어도 시시각각 닥쳐오는 어떤 불길한 조짐을 모르지 않았던 것 같다. 방학이 되기도 했지만 서둘러 고향으로 돌아가려 했고, 검거되던 날은 이미 짐까지 고향에 부치고 차표를 사 놓은 상태였던 것이다.

그런데 송몽규와 같은 하숙집에 있던 고희욱이라는 유학생도 윤동주와 같은 날 검거되었다. 윤동주와 고희욱은 학생식당에서 두 번 가량 만나서 인사를 나눈 정도의 사이였다고 한다. 그런데도 그를 검거한 것은 이 무렵 일본 경찰의 조선인 유학생에 대한 감시와 탄압이 얼마나 심했는가를 보여 준다. 윤동주는 사촌 간이라 송몽규와 자주 의견을 나눈다든지 행동을 같이 했었다. 그런 면에서 검거될 소지를 분명히 가지고 있었지만, 고희욱의 경우는 좀 달랐다. 결국 나중에 고희욱은 기소유예로 풀려난다. 그럴 것을 체포까지 한 것은 그만큼 단속이 심했다는 증거이다.

윤동주와 송몽규의 검거 소식은 곧 고향에도 알려졌다. 집안은 충격에 휩싸였다. 누구보다 집안의 미래로 촉망받던 두 젊은이였다. 그러나 이제는 미래에 대한 장밋빛 청사진을 말할 한가한 때가 아니었다. 시절이 험악하여 어떻든 신상에 다른 피해가 없기만 바라야 하는 처지였다.

식구들은 도대체 답답했다. 무슨 까닭으로 검거되었는지, 얼마나 엄중한 벌을 받아야 하는지 전혀 알 수 없었기 때문이다. 송몽규는 이미 중학생 시절에 독립운동 단체에 들어갔다가 일본 경찰에 붙들려 모진 고문을 받은 적이 있었다. 그러므로 가족들은 그와 비슷한 일이면서, 이번에는 두 사람이 함께 엮였으리라 짐작할 뿐이었다. 그렇다 해도 동주마저 이런 일로 고초를 받게 되리라고는 상상하지 못하는 분위기였다. 모두 다 너무 차분하고 얌전한 아이로만 기억하고 있었기에 그렇다.

윤동주의 부친은 회사를 그만두고 양계업을 하고 있었는데, 아들의 검거 소식을 듣자 10여 년 동안 다니지 않던 교회에 다시 나갔다고 한다. 아마도 신앙에 대한 회의가 일어 교회 나가기를 그만두었던 것 같은데, 이 위급한 상황에서 아버지로서 할 수 있는 일은 무엇보다 아들의 무사 귀환을 신에게 비는 일뿐이라 생각했던 듯하다.

혹시 이때 아버지는 아들이 쓴 〈십자가〉라는 시를 읽었을지도 모른다. 그것은 순교를 향한 하나의 신앙고백이었다.

십자가(十字架)

쫓아오든 햇빛인데
지금 교회당(敎會堂) 꼭대기
십자가(十字架)에 걸리었습니다.

첨탑(尖塔)이 저렇게도 높은데
어떻게 올라갈 수 있을까요.

종(鐘)소리도 들려오지 않는데
휘파람이나 불며 서성거리다가,

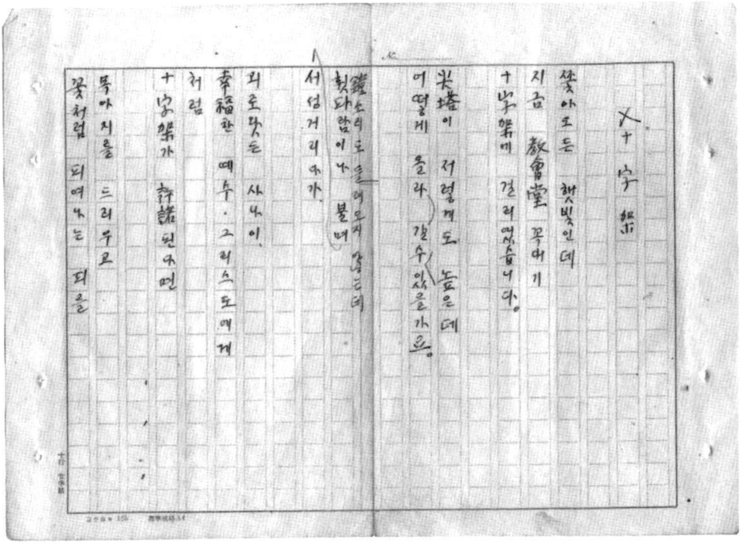

十字架

쫓아오든 햇빛인데
지금 敎會堂 꼭대기
十字架에 걸리었습니다.

尖塔이 저렇게도 높은데
어떻게 올라갈수 있을가요.

鐘소리도 들려오지 않는데
휫파람이나 불며
서성거리다가,

괴로웠든 사나이,
幸福한 예수·그리스도에게
처럼
十字架가 許諾된다면

목아지를 드리우고
꽃처럼 피여나는 피를

〈십자가〉 자필 원고 ①

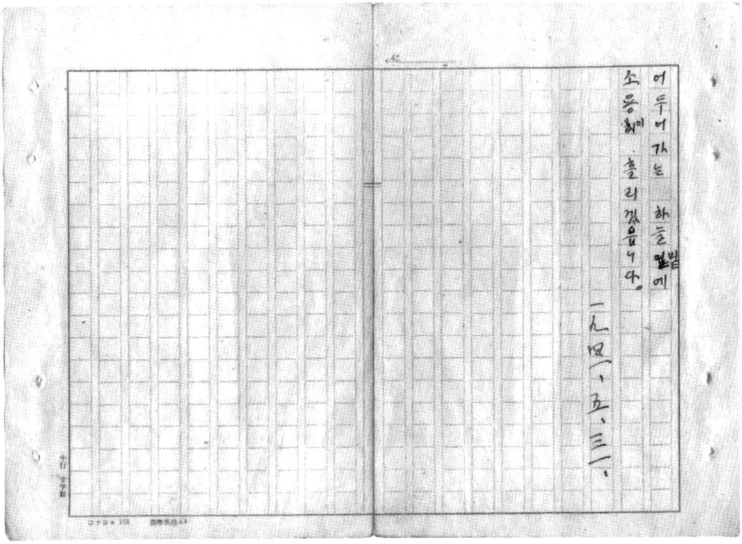

어두어가는 하늘밑에
조용히 흘리겠습니다.

一九四一、五、三一、

〈십자가〉 자필 원고 ②

괴로웠던 사나이.
행복(幸福)한 예수 · 그리스도에게
처럼
십자가(十字架)가 허락(許諾)된다면

모가지를 드리우고
꽃처럼 피어나는 피를
어두워 가는 하늘 밑에
조용히 흘리겠습니다.

1941. 5. 31.

이 시를 쓴 것은 그가 4학년 때이다. 가장 왕성하게 시를 쓰던 시기였고, 윤동주 자신 한때 신앙의 회의기를 지나 보다 성숙한 종교관이 서던 무렵이다. 외사촌이자 시인인 김정우 씨는 이렇게 회상한다.

그의 집 큰 대문을 나와 좌로 돌아 큰길로 향하면 동쪽 개바위 위로 떠올라 쫓아온 햇빛이 우거진 가랑나무숲 위 교회당 종각의 십자가를 비추고 있는 광경을 그는 언제나 보았을 것이며, 그 십자가는 그리

스도의 십자가의 못처럼 그의 마음에 단단히 박혔을
것이다.

어린 시절 윤동주가 보았을 교회의 풍경은 이처럼 평화롭기 그지없다. 한 폭의 그림처럼 그의 머릿속에 각인되어 있었을 것이다. 그러나 십자가는 어느새 평화로운 그림 속의 소품 하나로 그치지 않는다. 꽃처럼 피어나는 피를 어두워가는 하늘 밑에 조용히 흘리겠다는 순교의 각오가 거기에는 선명히 그려져 있다.

차디찬 감옥에서의 최후

잠시 잡혀 들어갔으리라 낙관하던 가족들의 소망과 달리 윤동주는 좀체 풀려나지 못하였다.

도쿄에서 교토의 경찰서로 면회하러 간 당숙 윤영춘은, 윤동주가 일본인 형사와 대좌하여 우리말 작품과 일기를 번역하는 것을 목격했다고 전해 왔다. 외사촌 김정우도 면회하여 같은 장면을 목격했다고 한다. 검거된 지 5개월여 만인 12월 6일, 송몽규와 윤동주 그리고 고희욱 세 사람은 송청되었다.

그러나 다음 해인 1944년 1월 19일, 앞서 밝힌 대로 세 사람 가운데 고희욱은 기소유예 처분으로 석방되었는데, 2월 22일에 윤동주와 송몽규는 결국 기소되었다. 재판을 피할 수 없게 된 것이다.

이후로 두 사람이 겪은 일에 대해서는 가족들이 정리한 일정을 따라가 보겠다.

3월 31일 교토 지방재판소의 재판 결과, 윤동주는 1941년 개정치안유지법 제5조 위반(독립운동) 죄로 징역 2년의 선고를 받았다. 검사가 구형한 형량은 3년이었다. 그중 미결 구류 일수 120일을 세어서 넣기로 하였다. 재판장 이시이(石井) 외 판사 2인, 이 재판 결과는 4월 1일에 확정되었다.

한편 4월 13일, 송몽규는 재판 결과 윤동주와 같은 죄목으로 역시 2년형의 선고를 받았다. 역시 구형 3년이었으되 미결 구류 일수는 포함되지 않았다. 그만큼 윤동주에 비해서는 무거운 형량이었다. 재판장 고니시(水序) 외 판사 2인, 이 재판 결과는 4월 17일에 확정되었다.

윤동주와 송몽규는 후쿠오카 형무소에 투옥되었다. 날짜는 알 수 없다. 수감 이후 고향에 매달 일어로 쓴 엽서 한 장씩 보내는 것만 허락되었다. 윤동주는 이때 고향 집에 《영화대조(英和對照) 신약성서》를 보내 달라고 했다. 영어와 일본

윤동주와 송몽규가 옥사한 추쿠오카 형무소의 정문

어가 나란히 인쇄된 성서이다. 그것을 옥중에서 읽었다.

그렇게 10개월이 흐르고, 운명의 달 1945년 2월이 되었다.

이 달에는 엽서가 오지 않았다. 그러면서 중순이 지난 18일에, "16일 동주 사망. 유체(遺體)를 가지러 오라."는 전보가 고향집에 배달되어 윤동주의 사망 사실이 알려졌다.

부친과 당숙 육영춘이 시신을 인수하러 일본으로 떠났다. 그런 다음에야, "동주 위독하니 보석할 수 있음. 만일 사망시에는 시체를 가져가거나 아니면 큐슈(九州)제대 의학부에 해부용으로 제공할 것임. 속답 바람."이라는 요지의 우편 통지서가 고향집에 배달되었다. 이것은 틀림없이 아직 윤동주가 살아 있을 때 보낸 것이었을 터이다.

후쿠오카에서 만주 용정까지 편지가 배달되는 사이 동주는 숨을 거두었고, 화급을 다투었어야 할 소식은 전보보다 늦게 도착했다.

사실 당시 후쿠오카 형무소 측이 좀 더 배려했더라면 윤동주는 병보석으로 출감할 수 있었고, 천만다행으로 목숨을 건질 수도 있었을 것이다.

일본에 도착한 부친과 당숙은 송몽규를 먼저 면회하고, 그로부터 매일같이 이름 모를 주사를 맞는다는 이야기를 듣는다. 그는 매우 여위어 있었다. 우리는 여기서 또 한 가지 아쉬운 장면을 목격한다. 이때 왜 송몽규는 보석을 받아 석방되지 못했을까. 이로부터 불과 보름쯤 뒤에 그도 감옥에서 최후를 맞는데 말이다.

가족을 만난 일본인 간수는, "동주는 무슨 뜻인지 모르나 큰 소리를 외치고 운명했습니다."라고 전해 주는데, 앞서 송몽규의 증언과 함께 두 사람의 생체 실험에 대한 의문이 지금까지 따라붙어 있다.

형무소 측에서는 운명 시간이 2월 16일 오전 3시 36분임을 알려 주었다. 저 차디찬 옥중에서, 캄캄한 한밤중에 동주

윤동주의 장례식 광경(1945. 3. 6)

는 눈을 감은 것이다.

큐슈제대 의학부에서 방부제를 사용하여 안치된 윤동주의 시신은 생시와 다름없는 모습이었다. 유해는 화장하여 고향에 모셔 와 3월 6일 용정의 동산교회 묘지에 묻혔다. 장례식에서는 《문우》지에 발표되었던 〈우물 속의 자화상〉과 〈새로운 길〉이 낭독되었다. 지금 우리에게는 그때 사진 한 장이 남아 있다. 영정 사진을 가운데 두고 가족과 친지들이 둘러서 있다. 영정은 연희전문을 졸업할 때 찍은, 오늘날 우리에게도 잘 알려진 사각모를 쓴 그 사진이다. 둘러선 사람들의 눈빛이 형형하다. 분노와 체념의 눈빛들이다.

한편 3월 10일, 송몽규도 결국 옥사하였다.

5월 단오를 넘길 무렵, 윤동주 묘소에 '시인 윤동주지묘(詩人 尹東柱之墓)'라 새긴 비석을 가족들이 세웠다. 살아생전 들어 보지 못한 '시인'이라는 칭호를 윤동주는 죽어서 무덤 앞에 남기게 되었다. 조국의 해방을 불과 석 달 앞둔 때였다.

37년 만에 밝혀진 비밀

윤동주가 죽고 32년이 흐른 1977년 10월의 일이다. 일제 때 내무성 경보국 보안과 발행의 극비 문서 《특고월보(特高月報)》(1943년 12월호)에 실린 〈재경 조선인 학생 민족주의 그룹 사건 책동 개요〉가 입수되었다. 교토에 있는 조선인 학생이란 곧 송몽규와 윤동주 그리고 고희욱을 말한다. 특고는 특별고등검찰을 이르는데, 그들은 송몽규 등에게 '민족주의 그룹'이라는 이름을 붙이고 있다.

이 개요에서 핵심 내용은 중심인물인 송몽규가 민족의식이 두드러졌던 윤동주와 회합을 하여, 조선의 독립을 위해서는 조선 문화의 유지 향상에 힘쓰고 민족적 결점을 시정하는 데 있다고 믿고, 스스로 문학자가 되어 지도적 지위에 서서 민족적 계몽 운동에 몸 바칠 것을 협의했다는 것이다. 주동 인물은 송몽규, 주된 활동은 문학을 통한 계몽과 독립운동이었다.

앞서 밝힌 대로 이때 도쿄에 살던 당숙 윤영춘은 긴급히 그들을 면회하러 간다. 그때의 모습을 다음과 같이 회고하고 있다.

> 취조실로 들어가 본즉 형사는 자기 책상 앞에 동주를 앉히우고 동주가 쓴 조선말 시와 산문을 일어로 번역시키는 것이다. ……늘 웃던 그 얼굴은 좀 파리해졌다. ……동주는 나더러 "아저씨, 염려 마시고 집에 돌아가서 할아버지와 아버지, 어머니에게 곧 석방되어 나간다고 일러 주세요." 이것이 생전에 그를 만난 최후의 순간이었다.

시절은 무척 위험했으나, 윤동주는 처음에 자신이 처한 상황을 그다지 심각하게 받아들이지 않았던 것 같다. 그것은 앞서 가족들이 그의 신변에 몰려든 위험을 잘 모르고 있었던 것과 같다. 그러나 상황은 그다지 만만치 않았다. 조사는 4개월 넘게 계속되었고, 결국 그들은 검사국으로 넘어간다. 개정치안유지법 제5조 위반(독립운동)이 적용된 것이다.

이 같은 사실은 1979년 1월, 일제 때 일본 사법성 형사국 발행의 극비 문서인 《사상월보(思想月報)》 제109호(1944년 4-6월분)에 실린 송몽규에 대한 판결문과 관련자 처분 결과 일람표가 입수되어 확인되었다.

1982년 8월에는 윤동주에 대한 교토 재판소의 판결문 사본도 입수되었다. 거기에는 '조선 민족인 자는 그 번영을 열망하기 위하여 어디까지나 일본의 패전을 기해야 할 뜻의 자기의 견해를 누누이 피력하고 …… 문학은 어디까지나 민족의 행복 추구의 견지에 입각해야 한다는 뜻의 민족 문학관을 강조'하였다는 내용이 보인다. 앞서 《특고월보》의 조사 내용과 같다.

일제 경찰과 사법 당국은 한글로 하는 문학 활동 자체를 독립운동으로 받아들였다. 문학이 일반 대중에게 끼치는 영향이 크기 때문에, 문학을 통한 선동 행위를 무척 우려한 결과였겠으나, 흔히 사람들은 그것이 무장 투쟁을 하는, 보다 적극적인 독립운동과 똑같이 취급되기는 어렵다고 생각한다. 이런 점 때문에 사실 윤동주의 독립운동이란 미미한 것이며,

독립운동 끝의 옥사는 미화된 것이라고 주장하는 이들이 있다. 그러나 과연 그런가.

물론 송몽규는 문학 활동 이외에도 당시 일제가 실시하려던 징병제의 실상을 알아서 이에 반대하려는 구체적인 운동을 한 것 같다. 그리고 일제는 그 같은 사실을 적발하고, 치안유지법 가운데서도 가장 중한 제5조 곧 독립운동으로 걸었고, 형량 또한 매우 무겁게 했다는 것이다.

그러나 다음과 같은 증언을 다시 한 번 되새겨 보자.

외사촌 김정우 시인이 경찰서로 면회를 갔을 때 담당 형사는, "괜한 영웅주의 때문에 저런다."라고 했다. 뭔가 고분고분 말을 듣지 않는 윤동주가 경찰로서는 영웅주의자처럼 보였던 모양이다.

당숙 윤영춘이 큐슈제대의 시체실에 가서 윤동주의 시신을 인도하려 할 때 거기까지 따라온 일본인 간수가 "아하, 동주가 죽었어요. 참 얌전한 사람이……."라고 했다.

얌전한 사람이 자신의 목숨을 담보로 하는 위험한 상황에서 무슨 영웅심을 부렸겠는가. 그것은 동주가 지닌 고결한 마음가짐이었다. 그런 마음가짐에서 우러나는 순수한 행동이었다. 설령 목숨과 바꿀지라도 더는 양보 못 할 지극한 자존심이었다.

후쿠오카 형무소에 갇힌 다음에는 아무도 면회를 하지 못했다. 한달에 한 번 오는 편지가 안부를 확인하는 전부였다. 동생 윤일주는 생전에 이런 말을 남겼다.

> 매달 한 장씩만 일어로 허락되던 엽서만으로는 옥중 생활을 알 길이 없으나, "붓끝을 따라온 귀뚜라미 소리에도 벌써 가을을 느낍니다."라고 쓴 나의 글월에 "너의 귀뚜라미는 홀로 있는 내 감방에서도 울어 준다. 고마운 일이다."라는 답장을 준 일이 기억된다.

옥중의 가을 소식이라면 1944년의 일일 것이다. 체포된 지 1년 반이 다 되어 갈 무렵, 그때까지 온갖 고초를 당했을 터인데도, 동생의 편지에 묻어온 귀뚜라미 소리를 고마워할 줄 아는 사람이 윤동주였다.

죽창을 든 투사가 아닐지언정, 마음의 순수한 곳에서 시키는, 모든 죽어 가는 것을 사랑할 줄 아는 이만 할 수 있는 아름다운 모습이다.

사랑스런 추억

그리운 신촌역

윤동주가 일본 유학을 떠나던 1942년 3월은 암울한 분위기가 이곳저곳에서 느껴지던 때였다. 요즈음으로 치면 입국비자라 할 수 있는 도항증명을 얻어 내기 위해 히라누마라고 창씨(創氏)를 해야 했던 그였다. 그 치욕이 〈참회록〉을 쓰게 하고, 그럼에도 불구하고 유학에의 꿈을 접을 수 없었던 저간의 사정을 앞서 쓴 바 있다.

나는 그에 관한 이 글을 쓰면서, 비록 사소한 문제이지만, 그가 밟았던 도쿄까지의 여로(旅路)를 따라가 본 적이 있다.

당시 동주의 집은 만주의 용정, 그리고 연희전문 졸업식은 이미 그 전해 12월 말에 치러졌다. 그렇다면 석 달 남짓한 시

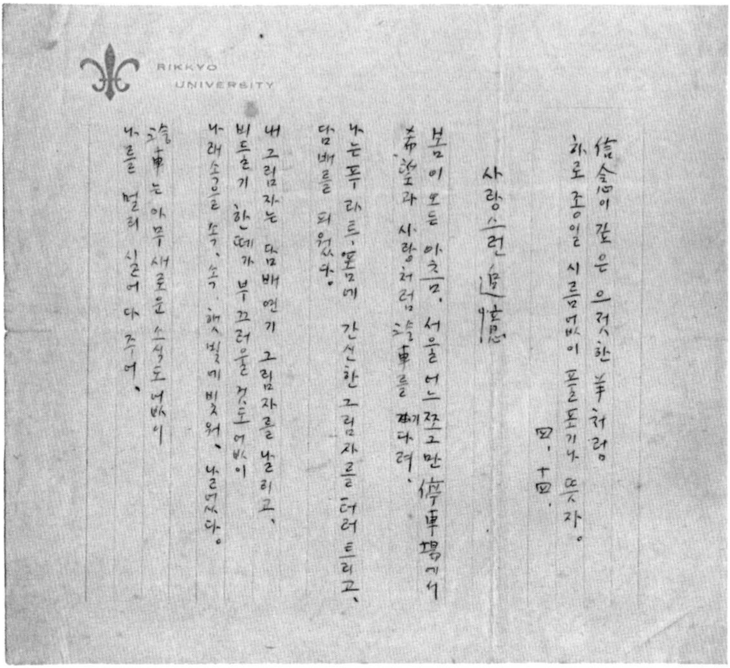

信念이 깊은 으젓한 羊처럼
하로 종일 시름없이 풀포기나 뜯자。
四.十四.

사랑스런 追憶

봄이 오든 아츰, 서울 어느 쪼그만 停車場에서
希望과 사랑처럼 汽車를 기다려,

나는 푸라트·폼에 간신한 그림자를 떠러트리고,
담배를 피웠다.

내 그림자는 담배연기 그림자를 날리고,
비듬기 한떼가 부끄러울것도 없이
나래속을 속, 속, 햇빛에 빛워, 날었다。

汽車는 아무 새로운 소식도 없이
나를 멀리 실어다 주어,

〈사랑스런 추억〉 자필 원고 ①

간을 그는 어디에서 무엇을 하고 지냈을까?

일상적으로 본다면 여러 서류를 마련하는 절차를 서울에서 마치고, 용정의 집에 가서 일정 시간을 지낸 다음 도쿄까지 바로 가지 않았을까 했다. 그런데 그가 남긴 시를 통해 굳이 다른 루트를 찾아 낼 수 있었으니, 다음과 같이 시작하는 〈사랑스런 추억(追憶)〉의 첫 대목에서였다.

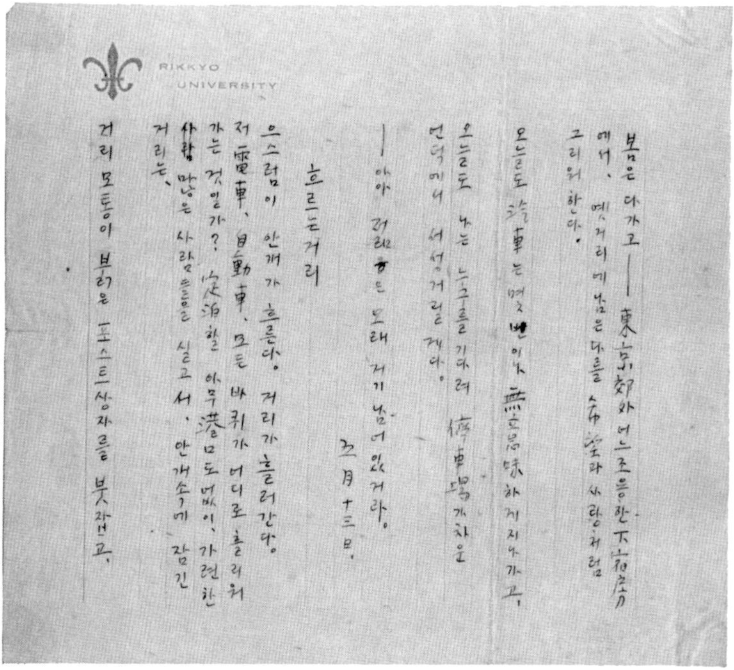

RIKKYO UNIVERSITY

봄은 다가고 ── 東京郊外 어느 조용한 下宿房
에서, 옛거리에 남은 나를 希望과 사랑처럼
그리워 한다.

오늘도 汽車는 몇번이나 無意味하게 지나가고,
오늘도 나는 누구를 기다려 停車場 가차운
언덕에서 서성거릴 게다.

── 아아 젊음은 오래 거기 남어 있거라.

五月十三日.

흐르는 거리

으스럼이 안개가 흐른다. 거리가 흘러간다.
저 電車, 自動車, 모든 바퀴가 어디로 흘리워
가는 것일가? 定泊할 아무 港口도 없이, 가련한
사람 많은 사람들을 실고서, 안개속에 잠긴
거리는,

거리 모통이 붉은 포스트상자를 붓잡고,

〈사랑스런 추억〉 자필 원고 ②

봄이 오든 아침, 서울 어느 쪼그만 정거장(停車場)에서
희망(希望)과 사랑처럼 기차(汽車)를 기다려,

나는 플랫·폼에 간신한 그림자를 떨어트리고,
담배를 피웠다.

이 시가 씌어진 날짜가 1942년 5월 13일, 이미 도쿄에 도착하여 한 달 보름 남짓 지난 다음이었다. 첫 학기를 그는 릿쿄대학에서 시작한다. 4월 13일에 〈흰 그림자〉를, 5월 12일에 〈흐르는 거리〉를 쓴 데 이어 바로 다음 날 나온 작품이다. 〈흐르는 거리〉가 이미 서울에 있을 때 초를 잡아 놓은 것을 개고(改稿)한 작품임을 감안할 때, 새로운 환경에 어느 정도 적응했을 무렵, 도쿄에서 쓴 본격적인 작품이 바로 〈사랑스런 추억〉이었다. 거기서 그는 차분히 서울에서 도쿄에 이르는 길을 되돌아보고 있는 것이다.

문제가 되기로는 '서울의 어느 쪼그만 정거장'이다.

졸업할 때까지 동주가 살던 자취집은 서울의 북아현동에 있었고, 거기서 연희전문까지 걸어서 통학했었다. '쪼그만 정거장'이라면 의당 경의선의 작은 정거장 신촌역을 가리키는 것일 터이다. 이 시의 첫 대목은 어떤 연유인지 모르지만 윤동주가 도쿄로 가는 출발을 신촌역에서 했다고 알려준다.

시골 간이역 수준이었을 이 역에서 그는 완행열차를 타고 서울역까지 갔을 것이며, 거기서 부산까지 가는 경부선으로 갈아탔으리라.

봄이 오던 아침, 간이역의 플랫폼에서 담배 한 대를 태우고, 비록 시국은 불안하기 짝이 없지만, 희망과 사랑을 안고 출발했을 이 여린 시인의 유학길. 담배 연기와 함께 뿜어내는 그림자를 물끄러미 바라보며, 차가운 햇빛 속을 날아다니는 비둘기를 하릴없이 쳐다보고만 있는 풍경이 눈에 선하다. 〈사랑스런 추억〉은 이렇게 이어진다.

> 기차(汽車)는 아무 새로운 소식도 없이
> 나를 멀리 실어다 주어,
>
> 봄은 다 가고—동경 교외(東京郊外) 어느 조용한 하숙방(下宿房)에서, 옛 거리에 남은 나를 희망(希望)과 사랑처럼 그리워한다.

신촌역에서 그는 희망과 사랑처럼 기차를 기다렸고, 도쿄 하숙방에서 또한 희망과 사랑처럼 옛날의 나를 그리워했다.

그리움이라는 말과 희망이라는 말이 이렇듯 묘하게 교차되는 경우는 없다. 그리움은 옛날이고 희망은 내일이 아닌가. 희망을 찾아 온 곳에서 도리어 옛날의 나를 그리워하다니, 그의 희망과 사랑은 무엇이었을까? 찾지 못한 어떤 것일까, 아니면 그리운 옛날의 나처럼 포근한 것일까.

그에 대한 대답은 여기서부터 어려워진다. 이 시를 쓴 날로부터 3년을 채우지 못한 1945년 2월 16일, 그는 후쿠오카의 차디찬 형무소에서 목숨을 거두고 말았기 때문이다.

하늘과 바람과 별과 시

해방이 된 다음 해 곧 1946년 6월 윤동주의 바로 아래 동생 윤일주가 서울에 왔다. 윤일주는 형의 둘도 없는 후배 정병욱을 물어물어 찾아갔다.

그 사이 많은 일이 있었다. 형이 죽은 것은 1년 하고도 넉 달 전, 곧이어 사촌인 송몽규가 죽었고, 해방이 되었고, 나라는 둘로 쪼개어져 신탁통치에 들어갔다. 기로에 선 나라의 운명은 백척간두였는데, 윤일주로서는 어느덧 형의 뒤를 이어 집안을 책임져야 할 나이에 이르러 있었다.

그러나 무엇보다 죽은 형의 유업을 완성해야 했다. 비록 몸은 갔지만 그의 피와 혼인 시집을 내야겠다는 것이다.

정병욱은 윤동주에게서 받은 옛 원고를 내놓았다. "몸이야 떠나신들 꽃이야 잊을소냐"라고, 졸업하는 선배 윤동주에게 시조를 써 주었던 정병욱이었다. 선배에게서 받은 원고를 병욱은 전남 광양의 자신의 시골집 마루 밑에 숨겨 놓았었다.

그도 학도병으로 징용을 당해 전쟁터에 끌려 나갔었는데, 여동생 정덕희가 이를 잘 보관하고 있다가 다시 가져왔던 것이다. 19편의 시가 실린 바로 그 원고이다. 윤동주 시집의 첫 단추가 꿰어지는 장면이다.

연희전문 동급생인 강처중

여기서 더 중요한 한 사람이 있다. 바로 강처중이다. 앞서 밝힌 대로, 강처중은 연희전문 시절 윤동주의 동급생이며, 도쿄에서 보낸 다섯 편의 시를 잘 간직했던 사람이다.

그러나 그에게는 뜻밖에도 그 원고만 있는 게 아니었다. 윤동주가 도쿄로 가며 하숙에 남긴 원고며 짐을 바로 강처중이 맡고 있었다. 거기에는 〈간〉과 〈참회록〉 같은, 《하늘과 바람과 별과 시》를 정리한 후에 쓴 시들이 남아 있었다. 윤동주가 이 원고와 짐을 가지고 가지 못한 데에는 그만큼 당시 상

〈하늘과 바람과 별과 시〉 초간본 표지

황이 불안했던 탓도 있다. 그런 원고와 짐을 목숨처럼 보관한 강처중과의 우정 또한 특별해 보인다.

정병욱이 간직한 《하늘과 바람과 별과 시》 원고에 강처중이 간직한 원고를 합치니 생전에 윤동주가 쓴 시의 전모가 드러났다.

두 사람은 세상에 윤동주를 알리기로 마음먹었다. 그때 정병욱은 서울대 국문학과에 다니는 학생이었으나, 강처중은 막 창간된 경향신문의 기자였다. 일을 하자면 강처중이 더 유리했다.

강처중은 1947년 2월 13일자 경향신문에 정지용의 소개문과 함께 〈쉽게 씌어진 시〉를 싣는다. 해방 후 처음으로 발표된 윤동주의 작품이다.

정지용은 당대 최고의 시인이었다. 윤동주도 그의 시를 탐독했었고, 연희전문 시절 한 번쯤 직접 그를 찾아가 만난 적도 있었다. 그가 마침 경향신문의 주필이었으므로, 강처중은 그에게 윤동주의 시를 싣자고 적극 추천했던 것 같다.

연세대학교 기숙사 앞에 세워진 윤동주 시비

내처 강처중은 경향신문에 시가 실리고 사흘이 지난 2월 16일, 정지용·안병욱·이양하·윤영춘·정병욱·유영·윤일주 등 30여 명을 모아, 서울 소공동의 플라워회관에서 송몽규·윤동주 두 사람의 추도회를 가졌다. 이 자리에서는 소장 국문학자로 촉망받던 김삼불(金三不)의 윤동주 연구 소논문도 발표되었다.

이 같은 노력은 곧 결실을 보았다. 1948년 1월, 유고 31편을 모으고 정지용의 서문과 강처중의 발문을 붙여 시집 《하늘과 바람과 별과 시》를 정음사에서 간행한 것이다. 강처중은 그 발문에 이렇게 썼다.

용정과 명동촌 중간에 위치한 동산교회에 안장된 윤동주 묘소

동주가 감옥에서 외마디 소리로서 아조 가 버리니 그 나이 스물아홉, 바로 해방되던 해다. 몽규도 그 며칠 뒤 따라 옥사하니 그도 재사(才士)였느니라. 그들의 유골은 지금 간도에서 길이 잠들었고 이제 친구들의 손을 빌어 동주의 시는 한 책이 되어 길이 세상에 전하여지려 한다.

불러도 대답 없을 동주 몽규이언만, 헛되나마 다시 부르고 싶은 동주! 몽규!

시인이 죽은 지 3년 만의 일이다. 그러나 이때 누구도 이 시집이 해방 이후 우리나라에서 나온 모든 시집 가운데 가장 많은 사랑을 받는 책이 될 줄 몰랐다.

젊음은 오래 거기 남아 있거라

시집이 나온 이후의 후일담에 대해 잠시 기록하려 한다. 그해 9월 4일, 고향에서 할아버지 윤하현이 별세하고, 9월 26일, 역시 고향에서 어머니 김용이 별세하였다. 자식을 먼저 가슴에 묻었던 이들의 서글픈 죽음이었다. 상을 치르고 난 12월, 윤동주가 그리도 예뻐하던 누이 윤혜원이 윤동주의 중학 시절 원고를 갖고 고향에서 서울로 이주하였다.

그리고 전쟁이 터졌다. 누이동생이 가져온 원고는 한동안 원고인 채로 있다가 1955년 2월, 윤동주의 10주기를 기념하여 89편의 시와 4편의 산문을 엮어 다시 《하늘과 바람과 별과 시》의 개정판으로 정음사에서 나왔다. 이때 표지 그림으로 김환기(金煥基) 화백의 작품이 얹혀졌다. 점점 사람들 사이에 윤동주의 이름이 알려지기 시작했다.

시집의 재개정판은 1967년 2월에 다시 나왔으며, 더욱 많은 사람들에게 읽혔다. 더불어 1968년 11월 2일, 연세대학교 학생회, 문단, 친지 등이 모금한 성금으로 연희전문학교 시절 윤동주가 묵었던 기숙사 앞에 '윤동주 시비'를 건립하고, 제막식을 가졌다. 시비는 윤일주가 설계하고, 윤동주의 〈서시〉 친필을 확대하여 새겼다. 이 시비와 시비가 놓인 사리는 지금도 연세대학교 학생들이 가장 사랑하는 장소이다.

1984년 11월, 일본어 번역 시집이 출판되었다. 이부키 코(伊吹郷)의 번역인데, 이후로도 여러 종류의 일본어 번역판이 거듭 출판되었다. 한편 윤동주가 일본에서 널리 알려지고 평가를 받게 된 데에는 와세다 대학 오무라 마쓰오(大村益夫) 교수의 노력이 크다. 그는 1985년 5월, 연변을 방문하여 윤동주 묘를 찾아냈다. 그때는 한국과 중국이 수교를 맺지 않아서 우리는 가 보고자 해도 갈 수 없었다. 오랫동안 버림받다시피 했던 묘소는 40년 만에 우리에게 사진으로나마 다시 알려졌다.

1988년 8월 프랑스어 번역 시집이 출판되었고(임병선 역), 1989년 11월 영어 번역 시집이 출판되었고(마크 뮬러 · 김채령 공역), 1996년 12월 중국어 번역 시집이 출판되었다(찌징紫荊 역).

1995년 2월에는 윤동주의 모교이기도 한 일본 도시샤대학교정에 시비가 건립되었다.

신촌역 이야기로 에필로그의 운을 떼었다. 얼마 전에 지나다 보니, 이 역을 부수고 새로운 건물이 어마어마한 크기로 들어서 있었다. 서울에 겨우 하나 남아 있던 예스런 역사였다. 〈사랑스런 추억〉의 무대가 된 곳이기도 했다. 그나마 옛 역사를 건물 한 귀퉁이에 복원해 놓은 것만으로 다행이지만, 플랫폼 또한 깔끔하게 새로 단장되어, 아마도 옛 시절의 동주를 다시 만나기는 어려울 것 같았다. 그래서 〈사랑스런 추억〉(1942. 5. 13)의 마지막 대목이 더욱 간절해졌다.

사랑스런 추억(追憶)

오늘도 기차(汽車)는 몇 번이나 무의미(無意味)하게
지나가고,

오늘도 나는 누구를 기다려 정거장(停車場) 가까운
언덕에서 서성거릴 게다.

—아아 젊음은 오래 거기 남아 있거라.

1942. 5. 13.

나의 별에도 봄이 오면

제1판 제1쇄 발행일 2006년 11월 3일
개정1판 제1쇄 발행일 2011년 7월 7일
개정2판 제2쇄 발행일 2021년 10월 20일

글쓴이 · 고운기

펴낸이 · 곽혜영 | 주간 · 오석균 | 편집 · 박철주 | 디자인 · 소미화 | 마케팅 · 권상국 | 관리 · 김경숙
펴낸곳 · 도서출판 산하 | 등록번호 · 제300-1988-22호
주소 · 03385 서울특별시 은평구 연서로26길 27, 2층, 대한민국
전화 · (02)730-2680(대표) | 팩스 · (02)730-2687
홈페이지 · www.sanha.co.kr | 전자우편 · sanha0501@naver.com

ISBN 978-89-7650-531-6 43990

* 이 도서의 국립중앙도서관 출판시도서목록(CIP)은 e-CIP홈페이지(http://www.nl.go.kr/ecip)와 국가자료공동목록시스템(http://www.nl.go.kr/kolisnet)에서 이용하실 수 있습니다. (CIP제어번호:CIP2020038623)